Gerti Samel

Heilmittel der Natur

Lavendel

Die Kraft des Aromaöls für Körper und Seele nutzen.
Rezepte zur Behandlung vieler Beschwerden

Südwest

Inhalt

Die Geschichte des Lavendels   5

Am Anfang stand der Duft   5
Eine Heilpflanze wird entdeckt   6
Das neue Lavendelzeitalter   11

Ein Kind der Sonne   13

Botanik einer Heilpflanze   13
Verwandtschaftliche Bande   14
Lavendel als Kulturpflanze   15
Der Echte Lavendel   17
Speiklavendel   19
Schopflavendel   20
Lavandin   21
Die Inhaltsstoffe von Lavendel   22
Special Blauer Duft im Blumenbeet –
          Lavendel im Garten   24

Anwendungsformen von Lavendel   29

Die Blüten   29
Ätherisches Öl   31
Hydrolat   32
Tinktur   33
Fluidextrakt   34
Homöopathische Zubereitungen   35

*Lila Lavendel –
ein Kennzeichen
manch einer
Landschaft in
Südfrankreich.*

Lavendel in der Naturheilkunde

Lavendel in der Naturheilkunde   37

Lavendelmedizin 37
Die Aromatherapie 38
Lavendelwirkung auf die Chakren 41
Wohlbefinden dank Lavendelduft 44
Lavendelmassagen 48
Special Hexenkunst und
Sterndeutung mit Lavendel 50

Wofür und wogegen Lavendel hilft

Wofür und wogegen Lavendel hilft   53

Beschwerden von A bis Z 53
Special Ein guter Start ins Leben 84
Erste Hilfe mit Lavendel 86

Lavendelkosmetik

Lavendelkosmetik   91

Öl und Wasser für die Schönheit 91
Ein schönes Gesicht durch Lavendel 92
Pflege für Hände und Füße 96
Haarpflege mit Lavendel 98
Lavendel als Parfüm – voll im Trend 99

Lavendel in Haushalt und Küche

Lavendel in Haushalt und Küche   103

Der saubere Duft 103
Duftender Raumschmuck 110
Insektenabwehr mit Lavendel 113
Kochen mit Lavendel 116

Über dieses Buch 126
Register 127

Öl und Extrakt – das Beste aus der Heilpflanze.

Die Geschichte des Lavendels

Der Duft des Lavendels hat schon Millionen von Menschen berauscht, beruhigt, geheilt und erfrischt. Er hat ganze Epochen der Parfümgeschichte dominiert. Dichter, Heiler und Poeten sangen sein Hohelied, Hexen benützten ihn angeblich bei ihren Ritualen, Kinder wurden mit seiner Hilfe leichter geboren, Halsschmerzen gelindert, Läuse verscheucht. Frauen erhofften sich Freier durch Lavendel, andere erwarteten sich von ihm Hilfe gegen Unkeuschheit. Es gibt kaum eine Lebenssituation, in der die blaue Blume nicht schon einmal eine Rolle gespielt hätte.

Am Anfang stand der Duft

Die alten Römerinnen waren wohl die ersten Hausfrauen, die ihre Wäsche mit Lavendelessenz parfümierten. Ihre Körper salbten sie mit Nardum ein, einer nach Lavendel duftenden Creme. Die Männer begossen sich in ihren Bädern mit Duftwässerchen und Ölen, denen u.a. der Duft von Lavendelblüten zugesetzt wurde. Das hat der Pflanze vermutlich ihren Namen eingebracht: lavare ist das lateinische Wort für waschen.

In der Antike gab man den Salben und Ölen, die in Steingefäßen aufbewahrt wurden, verschiedene Duftstoffe bei.

In Kleinasien wurde die Pflanze bereits im 1. Jahrhundert n. Chr. wegen ihres frischen Geruchs gerühmt. Arabische Frauen benutzten die Essenz zur Haarpflege. Die wilde, duftende Schönheit der blauen Blume wird sogar in den Märchen aus Tausendundeiner Nacht im »Lied des Lavendels« besungen.

Eine Heilpflanze wird entdeckt

Schon vor Jahrtausenden wussten die Menschen, dass Lavendel nicht nur fein duftet, sondern auch Heilkräfte besitzt, dass er z. B. wunderbar beruhigt und nicht zuletzt auch desinfiziert. Die alten Ägypter sollen mit lavendelgetränkten Leinentüchern ihre Toten mumifiziert haben. Sie benutzten die Pflanze angeblich auch, um die Luft zu verbessern und um Krankenzimmer auszuräuchern. Bei religiösen Zeremonien setzte man das Duftkraut dem Weihrauch zu.

Römische Erkenntnisse

Es waren jedoch die Römer, die als erste die medizinischen Wirkungen des Lavendels systematisch erforschten. Der Schriftsteller Plinius der Ältere beschrieb im 1. Jahrhundert n. Chr., dass das Kraut den Trauerschmerz Hinterbliebener lindere. Außerdem, so steht in seiner großen Naturgeschichte zu lesen, sei es bei Menstruationsbeschwerden ebenso gut einzusetzen wie bei Magenschmerzen und Nierenleiden, bei Gelbsucht, Wassersucht und Insektenstichen. Viele seiner Erkenntnisse über den Lavendel haben mittlerweile ihre wissenschaftliche Bestätigung erhalten.

Im Ersten Weltkrieg griffen deutsche Soldaten auf die erprobten Methoden der römischen Legionäre zurück. Als chemische Desinfektionsmittel knapp wurden, kam zur Behandlung entzündeter Kriegswunden Lavendelöl zum Einsatz.

Lavendel, das Kraut der Legionäre

Auch die römischen Soldaten, die Lavendel auf jeden ihrer Feldzüge mitnahmen, wussten sehr wohl, warum sie das taten: Die blaue Blume heilt nicht nur Entzündungen, Wunden und andere Verletzungen, sie ist auch ein probates Nervenberuhigungsmittel, das die Angst vor kritischen Situationen nimmt. Mit Lavendel machten sich die Krieger vor der Schlacht Mut und stärkten ihr Selbstbewusstsein.

Gesundheit aus der Klosterapotheke

Im 15. Jahrhundert erlebte die Heilpflanze Lavendel ihren Durchbruch in Mitteleuropa. Mönche brachten sie damals von Italien nach Deutschland, wo sie fortan in den Klostergärten angebaut wurde. Im Mittelalter beschäftigten sich vor allem die Benediktinermönche mit der Wissenschaft der Heilkräuter. Auch der Urvater der modernen Ärzte, Paracelsus (1493–1541), der ansonsten vergleichsweise wenig mit Heilkräutern arbeitete, schätzte den Lavendel sehr. Er setzte ihn als Heilmittel für überreizte Nerven sowie zur Schmerzlinderung ein. Zu jener Zeit wurde auch beobachtet, dass Lavendelpflücker meist von Tuberkulose verschont blieben.

Für Hildegard von Bingen, eine in der Heilkunst bewanderte Klosterfrau, war der Lavendel ein »Muttergotteskraut«, das den übermäßigen Geschlechtstrieb dämpft.

Mittelalterliche Volksmedizin

»Lavendel ist ein köstliches Kraut wider Gebrechen des Hirns und der Nerven, Schwindel, Schlag mit ganzer oder halbseitiger Lähmung, fallende Sucht, Schlafsucht, Krampf, Zittern, Kontraktsein und Lahmheit. Es erwärmt den Magen und die (Gebär-)Mutter, verteilt Blähungen, treibt den Harn, die Monatszeit und die Geburt. Es öffnet die Leber und Milz, vertreibt also die Gelbsucht und die angehende Wassersucht. Lavendel, in Essig gesotten und die Brühe warm im Mund gehalten, stillt das Zahnweh. Die Blumen von Lavendel, in Branntwein gelegt, sind ein gutes Mittel, die lahmen Glieder damit einzureiben. Das Kraut, äußerlich aufgelegt, vertreibt das Kopfweh und den Schwindel; ausgelaugt dient es zum Waschen des Haupts und stärkt das Gehirn.«
Aus Matthiolus, New-Kreuterbuch, Prag 1563
(aus dem Mittelhochdeutschen übertragen)

Schlafkomfort im Mittelalter

Nicht nur in der Antike und im Orient wusste man den frischen, aromatischen Duft des Lavendels überaus zu schätzen. Auch in Mitteleuropa wurde er schon bald auf vielfältige Weise eingesetzt.

Dass man Lavendel schon vor Jahrhunderten gerne als Wäscheduft verwendete, beweist ein Rezept aus dem Jahr 1526 »für die Zubereitung von Süßwasser für das Bettleinen: Drei Pfund Rosenwasser mit Nelken, Zimt, Sandel und zwei Handvoll Lavendelblüten sollen ein Monat lang in der Sonnen stehen, in einem wohlverschlossnen Glase, und dann destilliert werden in einer Bain-marie. Es ist wunderbar angenehm im Bette und wird der ganze Platz einen kostlichen Wohlgeruch haben.«

Im elisabethanischen England nähten sich die Frauen kleine Beutel, gefüllt mit dem duftenden Kraut des Lavendels, in ihre Rocksäume. Zur Aromatisierung des Hauses wurden frische Lavendelzweige gebündelt aufgehängt.

Das Öl der Könige

Gegen Ende des Mittelalters erfuhr der Lavendel eine neue Blütezeit als Duftnote. Die schon in der Antike bekannte Methode der Destillation war wiederentdeckt worden und mit ihr das ätherische Öl aus Lavendelblüten. 1583 fand das Oleum lavandulae erstmals in einer Schrift Erwähnung. Man hat es schon damals »theuer verkaufft«. Die Provence und England wurden zu den Hauptanbaugebieten des Lavendels in Europa – und sind es bis heute geblieben.

Die ersten königlichen Lavendelfans waren übrigens Heinrich VIII. von England und seine Tochter Elisabeth I., die als Kind im königlichen Schlossgarten zwischen Lavendelblüten spielte. Daher rührte wohl ihre lebenslange Vorliebe für diesen Duft. Später, als Königin, trank Elisabeth regelmäßig Lavendeltee gegen ihre Migräneanfälle.

Die Lavendelepoche

Im 19. Jahrhundert gab es eine zweite englische Königin, die in den Lavendel verliebt war: Viktoria. Sie pflegte sogar ihre Gemächer mit dem Aroma der blauen Blüten präparieren zu lassen.

Aber nicht nur die Queen, ganz England war damals verrückt nach diesem Duftkraut, weshalb die Viktorianische Zeit auch oft die Lavendelepoche genannt wird. Junge Frauen trugen kleine Lavendelkissen im Dekolletee, in der Hoffnung, deren Duft betöre die jungen Männer. Liebesbriefe wurden mit lavendelöldurchmischter Tinte geschrieben, und feine reiche Damen übergossen sich geradezu mit dem Duft, um sich vor üblen Gerüchen und Ohnmachtsanfällen zu schützen. Man trug so genannte Vinaigrettes mit sich herum, kleine metallene Parfümbehälter, in denen ein mit Essig und Lavendel vollgesogener Schwamm lag. Auch dies sollte die vornehmen Nasen vor der Belästigung durch unangenehme Gerüche bewahren.

Nicht nur als Parfüm, auch als Heilmittel fand Lavendel im viktorianischen England Verwendung. Man legte z. B. kleine Beutelchen mit getrockneten Lavendelblüten unter das Kissen, um Kopfschmerzen zu lindern und den Schlaf zu fördern.

Unter Königin Viktoria von England erlebte Lavendel seine erste große Renaissance.

Aufbruch ins Industriezeitalter

Im 18. Jahrhundert produzierte die 1770 gegründete englische Firma Yardley bereits Parfüms und Seifen mit Lavendelduft. Englische Lavendelprodukte wurden bald weltweit bekannt. Englisches Lavendelöl galt als das feinste der Welt und wurde noch teurer gehandelt als das französische.

Die Hauptkomponenten von »4711« sind Lavendel und Bergamotte. Orangenblüten, Rosmarin, Zitrone und Zimt runden das Aroma ab.

Eine Hausnummer wird weltberühmt

In Deutschland war der Lavendelduft vor allem im prüden Biedermeier des beginnenden 19. Jahrhunderts en vogue. Noch kamen die Wässer meist aus Frankreich. Bis 1710 in der Kölner Glockengasse, im Haus mit der Nummer 4711, eine Duftkreation entstand, deren Name um die Welt ging: Eau de Cologne, das berühmte Kölnisch Wasser. Napoleon war verrückt nach dieser Mixtur. Er übergoss sich damit täglich, ja, er trank sie sogar. Das spritzige, frische Aroma von »4711« avancierte geradezu zum Markenzeichen des Korsen.

Eine richtungsweisende Begebenheit

Im beginnenden 20. Jahrhundert war man des Lavendeldufts ein wenig überdrüssig geworden. Doch der französische Chemiker René-Maurice Gattefossé läutete per Zufall eine neuerliche Lavendelrenaissance ein. Eines Tages verbrühte sich der Chemiker in seinem Labor die Hand und tauchte sie intuitiv in einen Behälter mit Lavendelöl. Zu seinem großen Erstaunen heilte die Verbrennung verblüffend rasch ab und hinterließ nicht einmal eine Narbe. Damit war Gattefossés Interesse geweckt. Er begann, die Wirkung des Lavendelöls auf Körper und Geist zu erforschen und später auch andere ätherische Öle. 1928 begründete er die Aromatherapie.

Das neue Lavendelzeitalter

Das allgemeine Interesse an ätherischen Ölen erlahmte allerdings vorübergehend wieder. Mit Lavendelgeruch im Speziellen verband man die Vorstellung von ältlichen Damen mit einer Neigung zu Spitzentaschentüchern und Ohnmachtsanfällen. Erst in den siebziger und achtziger Jahren kamen die Düfte der Natur wieder in Mode. Lavendel allerdings war in der Beliebtheitsskala zunächst noch ziemlich weit unten angesiedelt. Die Blumenkinder der siebziger Jahre standen mehr auf Patschuli und Sandelholz, später waren eher sinnliche Blütendüfte wie Rose und Neroli gefragt.

Das Comeback der Frische

Anfang der neunziger Jahre jedoch streifte das blaue Aroma sein angestaubtes Image ab und feierte ein überraschendes Comeback. Derzeit sind die Parfümeure der großen Kosmetikhäuser dabei, den Duft neu zu entdecken. Sie deklarierten ihn zum Symbol einer neuen Reinheit – Pureness, wie man heutzutage sagt. Und Models wie Manager reiben sich die coole Note gerne wieder hinters Ohr.

Heute nicht anders als früher

Was schätzt die junge Generation am Lavendelduft? Wohl dasselbe wie vor mehr als 800 Jahren Hildegard von Bingen. Die heilige Klosterfrau, deren Ansichten heute gleichfalls wieder hoch im Kurs stehen, pries das Kraut, weil es Körper und Seele rein wasche, böse Geister und unreine Gedanken vertreibe und das Ich stärke. Von innen heraus stark, nach außen hin geschützt, klar im Kopf und im Gefühl – das entspricht auch dem heutigen Zeitgeist.

In der Vorstellung vieler moderner Parfümeure signalisiert der charaktervolle Lavendelduft etwas, wonach sich viele Menschen heute sehnen: Ruhe, Entspannung, Klarheit und das Gefühl, mit sich selbst im Reinen zu sein.

Ein Kind der Sonne

Wer einmal im Sommer durch die französische Provence gereist ist, dem wird wohl der Anblick der sattblauen Lavendelfelder unvergesslich bleiben. Auch an den frischen, würzig-süßen Duft wird er sich lange erinnern. Beim Aufenthalt in der lavendelgeschwängerten Luft wirken bereits die typischen Heilstoffe der Pflanze aufs Gemüt: Man atmet Ruhe und Gelassenheit, fühlt sich offen und frei.

Botanik einer Heilpflanze

Mit seinen an der Basis verholzenden Trieben zählt der Lavendel zu den Halbsträuchern. Er erreicht eine Wuchshöhe von rund 50 Zentimeter, gelegentlich auch bis zu 80 Zentimeter. Seine aufrecht stehenden Zweige tragen das ganze Jahr über schmale ledrige graugrüne Blätter, die denen des Rosmarins ähnlich, aber steifer sind. Die kleinen blauen, oft ins Violette spielenden Blüten sitzen in kurzen, dichten Ähren beieinander. Dünne Stängel heben die Blütenstände aus dem Verband des Laubs heraus, der Sonne entgegen.

Sowohl die Blüten wie auch die Blätter verströmen einen charakteristischen aromatischen Duft. Bei schönem Wetter ist dieser noch aus erstaunlicher Entfernung wahrnehmbar. Er haftet auch den verwelkten Blütenständen noch an.

Blühende Lavendelpflanzen sind fast ständig von Insekten belagert, bei Sonnenschein schwirrt die Luft um sie herum geradezu. Vor allem Bienen schätzen den Pollen und Nektar der Lavendelblüten sehr.

Bienen sind die besten Freunde der Lavendelbauern: Wenn sie den Blütennektar sammeln, lösen sie einen Sekretionsstopp aus. Die eingesparte Nektarmenge nutzt die Pflanze, um mehr ätherisches Öl zu produzieren. Reichlicher Bienenbesuch kann die Ausbeute an Lavendelöl um bis zu 15 Prozent steigern.

Verwandtschaftliche Bande

Im botanischen Ordnungssystem zählt der Lavendel zur großen Pflanzenfamilie der Lippenblütler, mit wissenschaftlichem Namen »Lamiaceae«, zu der auch noch etliche andere Heil- und Küchenkräuter gehören, etwa Salbei, Thymian, Melisse oder Rosmarin.

Die wissenschaftlichen Bezeichnungen der Pflanzen sind lateinische bzw. latinisierte Namen und bestehen immer aus zwei Wörtern, einem vorangestellten Gattungsnamen und einem nachgestellten Artnamen.

Nun ist aber Lavendel durchaus nicht gleich Lavendel. Insgesamt unterscheiden die Botaniker 28 Arten, die von den Kapverdischen und Kanarischen Inseln über das Mittelmeergebiet bis Somalia und Vorderindien verbreitet sind. Vor allem drei Arten wurden vom Menschen als Lieferanten des begehrten Dufts herangezogen und kultiviert.

Es handelt sich dabei um:

▶ Den Echten Lavendel (Lavandula angustifolia)
▶ Den Speiklavendel oder Großen Speik (Lavandula latifolia)
▶ Den Schopflavendel (Lavandula stoechas)

Alle drei Arten stammen in ihrer Wildform aus dem mediterranen Raum. In einigen Regionen, in denen sowohl der Echte Lavendel als auch der Speik gedeihen, wuchs schon immer auch ein natürlicher Bastard der beiden Arten, eine Kreuzung, die durch Bienenbestäubung entsteht:

▶ Der Lavandin (Lavandula intermedia)

Variationen durch Menschenhand

Aus diesen Arten und der natürlichen Kreuzung – Hybride genannt – sind bis zum heutigen Tag etliche Zuchtformen entstanden, die sich nicht nur in Aussehen und Duft unterscheiden, sondern auch den klimatischen Bedingungen der verschiedenen Anbauländer jeweils optimal angepasst sind.

Lavendel als Kulturpflanze

Die verschiedenen Lavendelsorten und -varianten, die im Lauf der Jahrhunderte durch Auslese und züchterische Bemühungen aus den ursprünglichen Arten hervorgegangen sind, blühen keineswegs alle im typischen Lavendelton, der zwischen Flieder und Indigo liegt. Insbesondere bei den Gartenzüchtungen gibt es heute ein breites Farbspektrum der Blüten, das von einem tiefen Violettblau über ein zartes Rosa bis zu strahlendem Weiß reicht. Sogar grün blühende Sorten sind bekannt. Die Blütenstände können lang oder kurz sein, die einzelnen Blüten der Ähren können locker oder aber dicht gedrängt beieinander sitzen.

Vielfach sind die in Kultur entstandenen Lavendelvarianten regional wieder verwildert und heute wild wachsend anzutreffen.

Ein Spektrum der Düfte

Auch im Duft weichen die einzelnen Sorten zum Teil erheblich voneinander ab. Die Duftnuancen reichen von fein-süß über hart-trocken bis hin zu krautig-stechend, um mit den Ausdrücken der Fachleute zu sprechen. Allen Lavendelpflanzen gemein ist jedoch eine mehr oder weniger ausgeprägte kampferartige Duftnote. Im Großen und Ganzen kann man davon ausgehen, dass die Duftintensität umso mehr abnimmt, je weiter nördlich die Pflanze kultiviert wird. Im Süden produziert sie besonders viel duftendes ätherisches Öl.

Wo Lavendel sich wohl fühlt

Zwei Dinge braucht der Lavendel, wo immer auf der Welt er wächst: viel Sonne und einen trockenen, sandigen, kalkhaltigen Boden. Der Untergrund muss Wasser rasch abfließen lassen, Staunässe kann der Halbstrauch gar nicht vertragen. Besonders gut gedeiht er in einer Höhe von 1500 bis 2000 Meter über dem Meeresspiegel.

Das klassische Land des Lavendels ist und bleibt Frankreich. Rund um Grasse, das Zentrum der Parfümindustrie, erstrecken sich weite Landstriche bis an den Horizont in den Schattierungen der blauen Blumen.

Doch längst kann Frankreich den Lavendelbedarf der Welt nicht mehr alleine decken. Deswegen wird die Heilpflanze inzwischen auch in zahlreichen anderen Ländern angebaut. In Europa wächst der Lavendel heute vor allem in England sowie im gesamten Mittelmeergebiet, von Spanien über Marokko bis hinüber zum Balkan, einschließlich Ungarn und Bulgarien. Auch in Norditalien gibt es heute sowohl Kulturen wie auch den so genannten gepflegten Wildwuchs. Man versteht darunter wild wachsende Lavendelheiden, deren Stöcke regelmäßig gesäubert und beschnitten werden.

Der Lavendel, der sich für medizinische Zwecke am besten eignet, wächst in Höhenlagen von etwa 1200 Meter.

... und in der übrigen Welt

Nicht nur in Europa hat Lavendel geeignete Wachstumsbedingungen, auch die übrigen Kontinente weisen Regionen auf, in denen ihm Boden und Klima zusagen. So sind heute sowohl auf der Nord- wie auf der Südhalbkugel zwischen dem 40. und 45. Breitengrad Lavendelfelder zu finden, etwa im Süden der Halbinsel Krim, im australischen Tasmanien, auf der japanischen Insel Hokkaido oder in Argentinien.

Geografisch gesehen tanzen nur die englischen Lavendelfelder aus der Reihe. Dank des warmen Golfstroms gedeihen die duftenden Halbsträucher in England noch jenseits des 50. Breitengrads. Das wichtigste Anbaugebiet der Briten liegt in Norfolk, einer regenarmen Region mit lichten Kalkböden. Auch auf der Kanalinsel Jersey wird Lavendelanbau betrieben.

Der Echte Lavendel

Diese Art wird heute botanisch als Lavandula angusti-folia bezeichnet. Veraltete, im Handel aber noch gelegentlich gebrauchte lateinische Namen sind »Lavandula officinalis« und »Lavandula vera«. Man unterscheidet eine wild wachsende und eine kultivierte Variante.

Eine Kostbarkeit – wilder Berglavendel

Das aus Wildsammlungen gewonnene Öl von Lavandula angustifolia ist das wertvollste Lavendelöl überhaupt. Es trägt die Handelsbezeichnung »Lavendel extra«. Der von Hand geerntete wilde Berglavendel gedeiht auf den steinigen Kalkböden der höchsten Berge Südfrankreichs, etwa auf dem Plateau des Contadour oder auf der Montagne de Lure.

Im Juli und August ziehen die Sammler mit Rucksäcken und Handsicheln zu den weithin duftenden Lavendelhängen in 1000 bis 2000 Meter Höhe hinauf. In der sengenden Mittagshitze werden die Stängel mit den Blütenrispen vom Strauch getrennt. Die Ernte zur Mittagszeit ist notwendig, weil die Blüten dann den höchsten Gehalt an ätherischem Öl besitzen.

Tröpfchen für Tröpfchen geballte Heilkraft

Dennoch ist die Ausbeute an Öl beim wilden Lavendel äußerst gering. Man braucht 150 bis 160 Kilogramm Pflanzen, um ein Kilogramm ätherisches Öl zu gewinnen! Aus diesem Grund gilt das Öl »Lavendel extra« als echte Rarität, zumal es die Garantie bietet, weitgehend frei von Gift- und Pestizidrückständen zu sein. Zugleich ist es das Lavendelöl mit der höchsten Heilkraft, allerdings auch das teuerste, das überdies nur äußerst selten im Handel angeboten wird.

Das ätherische Öl des Echten Lavendels enthält, verglichen mit anderen Lavendelarten, nur wenig Kampfer und entwickelt daher ein besonders angenehmes, blumig-mildes Aroma.

Lavendel fein

Das ätherische Öl, das von der kultivierten Schwester des wild wachsenden Echten Lavendels stammt, ist wesentlich erschwinglicher. Auf den Fläschchen steht die Bezeichnung »Lavendel fein«. Die Anbaugebiete dieses Heillavendels liegen fast durchweg in Höhen zwischen 600 und 1000 Meter. Berühmt sind die Lavendelfelder in den südfranzösischen Departements Drôme, Vaucluse und Alpes de Haute-Provence.

Als beste Qualität von »Lavendel fein« gilt das Öl aus der Gegend um Barrême, das manchmal auch als Barrême-Öl bezeichnet wird, als zweitbeste das Lavendelöl »Mont Blanc«.

Die Ölausbeute ist beim kultivierten Lavandula angustifolia nicht viel höher als beim Wildtyp. Für ein Kilogramm ätherisches Öl werden in diesem Fall etwa 120 bis 130 Kilogramm Blütenrispen benötigt.

»Lavendel fein« ist das gebräuchlichste Lavendelöl in der Aromatherapie sowie allgemein für medizinische Zwecke. Was seine Wirksamkeit anbelangt, unterscheidet sich der kultivierte Heillavendel nur unwesentlich von seinem wilden Vetter. Vor allem in höheren Lagen wird der Echte Lavendel übrigens heute zumeist biologisch, d. h. ohne Spritzmittel angebaut.

Im Garten blüht meist der Echte

Lavandula angustifolia ist auch der häufigste Gartenlavendel, von dem es sehr viele Zuchtsorten gibt. Der Duft der blauvioletten, manchmal ins Rosarot changierenden Blüten ist fein, kräuterartig süß und besonders mild, weil so gut wie kein Kampferaroma darin enthalten ist. Auch die schmalen, silbergrau schimmernden Blätter strömen einen aromatischen Duft aus. Der mehrjährige immergrüne Halbstrauch erreicht eine Höhe von 30 bis 50 Zentimeter, einige starkwüchsige Sorten sogar 80 bis 90 Zentimeter. In unseren Breiten ist er allerdings nicht völlig winterhart.

Speiklavendel

Den Speiklavendel findet man auch unter folgenden Namen: Großer Lavendel, Spik, Speiknarde oder einfach Speik. Sein botanischer Name »Lavandula latifolia« bezieht sich auf die – verglichen mit anderen Lavendelarten – großen Blätter: Latifolia ist das lateinische Wort für breitblättrig. Mit einer Wuchshöhe von 80 bis 90 Zentimeter wird die Pflanze für Lavendelverhältnisse recht stattlich. Ihre graublauen Blüten verströmen einen etwas strengen, beinahe stechenden Duft.

Wirksam gegen Mikroben

Der erst im August blühende Speik gedeiht in Mittel- und Nordeuropa nicht gut, dafür umso besser in den heißen Mittelmeerländern. Beheimatet ist die Art ursprünglich in den spanischen und französischen Kalksteinvorgebirgen sowie im südlichen Balkan.

Aufgrund des hohen Kampfergehalts hat das ätherische Öl des Speiks von allen Lavendelarten die stärkste antimikrobielle Wirkung. Aromatherapeuten und Naturheilärzte bevorzugen das Öl dieser Lavendelart heute wegen seiner auswurffördernden Wirkung bei der Behandlung von Bronchitis und Streptokokkeninfektionen. Auch die Raumluft kann man mit der Essenz gut desinfizieren.

Speiköl kann nachweislich das Wachstum von Tuberkelbazillen hemmen. In den sechziger Jahren wurde das ätherische Öl dieser Lavendelart deshalb häufig bei Lungentuberkulose eingesetzt.

Ein begehrtes Parfümöl

Die Parfümindustrie schätzt die Essenz des Speiklavendels nicht minder. Der wohl berühmteste Toilettenartikel, der mit diesem ätherischen Öl aromatisiert wird, ist die Speikseife. Vor allem in Spanien wird Speiköl als Insekten abwehrende Duftnote für Möbelwachs, Raumsprays und Polituren verwendet.

Schopflavendel

Der wissenschaftliche Name für den Schopflavendel lautet Lavandula stoechas. Die Franzosen nennen ihn Lavande maritime, während er im Deutschen auch gelegentlich unter der Bezeichnung »Arabischer Lavendel« oder »Welscher Lavendel« gehandelt wird.

Wild wächst der Schopflavendel hauptsächlich in Frankreich und Spanien, wo er auch kultiviert wird. Im Gegensatz zu den anderen Lavendelarten meidet er Kalkboden und zieht eher sandigen Untergrund vor.

Der Anbau von Schopflavendel erfordert reichlich Geduld. Erst im dritten Jahr kann man mit einem nennenswerten Ertrag an Blüten und damit an ätherischem Öl rechnen.

Typisch – und namensgebend – für den Schopflavendel sind schmale grüne Hochblätter, die wie ein Haarschopf aus den Blütenständen herausragen. Die Blüten selbst sind größer als die anderer Lavendelarten und sehen etwas ausgefranst aus. Sie verbreiten einen krautigherben, etwas an Kampfer erinnernden Geruch.

Mit Vorsicht zu genießen

Das ätherische Öl des Schopflavendels ist nicht ganz unproblematisch. Es hat einen sehr hohen Ketongehalt und gehört deswegen zu den leicht giftigen Ölen. Kinder und Schwangere sollten es daher meiden, ebenso Diabetiker, bei denen seine Einnahme zu Hypoglykämie (Unterzucker) führen kann. Trotzdem hat der Schopflavendel seinen festen Platz in der Naturheilkunde. Als gesichert gilt die Wirkung des Öls bei Bronchialasthma und Schnupfen. Häufig wird er auch eingesetzt zur Luftreinigung in Grippezeiten und zur Vorbeugung und Behandlung von Erkältungskrankheiten. Im seelischen Bereich wirkt das Aroma wie das aller anderen Lavendelarten ausgleichend und beruhigend, besonders bei stressbedingten Beschwerden, innerer Unruhe und Angstzuständen.

Lavandin

Der Lavandin ist ein Kreuzungsprodukt zwischen dem Echten und dem Speiklavendel. Wie alle Hybriden ist er unfruchtbar. Er entstand, weil Insekten den Blütenstaub von einer Art zur anderen trugen. Wo die beiden Elternarten natürlich vorkommen, wächst auch der Lavandin heute noch wild. Beim kommerziellen Anbau verlassen sich die Lavendelbauern nicht auf die Bienen, sondern sorgen durch Stecklingsvermehrung für den Nachwuchs. Der Lavandin ist es, der das Landschaftsbild der Provence prägt. Er wird fast ausschließlich für die Parfümindustrie angebaut. Rings um die Parfümmetropole Grasse wächst er in endlos langen Reihen.

Der botanische Name des Lavandins lautet Lavandula intermedia oder Lavandula hybrida.

Wirtschaftsfaktor Lavandinöl

Der Lavandin wird deutlich größer als seine Elternarten und hat nicht nur mehr, sondern auch größere Blüten, was eine entsprechend höhere Ausbeute an ätherischem Öl bedeutet. Im Durchschnitt genügen bereits 70 Kilogramm Blütenrispen, um ein Kilogramm ätherisches Öl zu gewinnen.

Der Anbau in schnurgeraden Reihen ermöglicht eine maschinelle Ernte des Lavandins. Gewöhnlich werden die Pflanzenreihen auf den Feldern mit Herbiziden unkrautfrei gehalten.

Bis zu 1000 Tonnen Lavandinöl werden jährlich allein in Südfrankreich produziert. Die Ausfuhrzahlen sind indes noch erheblich höher, denn das Öl wird vor dem Verkauf großteils mit synthetisch gewonnenem Kampfer und Linalylazetat gestreckt. Aus medizinischer Sicht ist das Öl des Lavandins relativ uninteressant, enthält es doch nur einen Bruchteil der Wirksubstanzen anderer Lavendelarten.

Lavandin, der Duftlieferant

Reißenden Absatz findet der Lavandin in den Parfümfabriken von Grasse. Fast alle Parfüms, Seifen und Cremes mit Lavendelnote enthalten sein blumig-würziges Aroma. Auch zum Putzen, als desinfizierenden Raumduft oder für den Wäscheschrank sollte man auf jeden Fall dieses preiswerte Lavendelöl verwenden.

Lesen Sie das Etikett genau! Nicht selten wird das preiswerte, aber medizinisch nur wenig wirksame Lavandinöl benutzt, um das teure Öl des Echten Lavendels zu strecken.

Die Inhaltsstoffe von Lavendel

Lavendel ist eine wissenschaftlich sehr gut erforschte Heilpflanze. Bis heute hat man etwa 200 verschiedene Inhaltsstoffe entdeckt, und wie es aussieht, dürften mit der Weiterentwicklung der biochemischen Analysetechniken noch einige mehr hinzukommen. Doch Lavendelöl ist nicht gleich Lavendelöl. Seine wirksamen Bestandteile variieren je nach Art und Zuchtsorte, Anbaugebiet, Erntezeitpunkt und Destillationsverfahren.

Heilende Wirkung dank Linalylazetat

In jedem Fall aber heißt die wichtigste Heilsubstanz, die übrigens auch maßgeblich für den Duft des Lavendels verantwortlich ist, Linalylazetat. Sie gehört zur chemischen Stoffgruppe der Ester.

WAS LINALYLAZETAT BEWIRKT

- Beruhigt das gesamte Zentralnervensystem
- Entspannt die verschiedenen Organe
- Schützt vor übermäßigen Reizen
- Lässt geistig zur Ruhe kommen
- Macht dabei nicht müde
- Tröstet bei seelischen Tiefs
- Steigert das geistig-seelische Wohlbefinden
- Fördert die Ausschüttung von Serotonin und sorgt damit für innere Gelassenheit
- Besänftigt übermäßige Emotionen
- Gleicht cholerische Anfälle aus
- Macht ängstlichen Menschen Mut
- Gibt sensiblen Naturen Kraft
- Entspannt Körper, Geist und Seele

Der Gehalt dieses Wirkstoffs allein entscheidet über die medizinische Qualität eines Lavendelöls. In je größeren Höhen die Lavendelpflanze wächst, desto höher ist auch ihr Estergehalt. Allerbeste Lavendelölqualitäten enthalten über 45 Prozent Linalylazetat, 35 Prozent sind das Minimum bei medizinisch wirksamem Lavendelöl.

Linalool, der Bakterienkiller

Außer dem Linalylazetat enthält Lavendelöl noch eine weitere mengenmäßig dominierende Heilsubstanz, das Linalool. Es gehört zur Substanzgruppe der Terpenalkohole und zeichnet sich in erster Linie durch seine antimikrobielle Wirkung aus. Dieser Stoff ist für die antiseptische, entzündungswidrige Kraft des Lavendelöls verantwortlich. Linalool vermag nachweislich zahlreiche krank machende Mikroorganismen in ihrem Wachstum zu hemmen.

Das Deutsche Arzneibuch (DAB) schreibt vor, dass zu medizinischen Zwecken in der Apotheke verkauftes Lavendelöl einen Mindestgehalt von 35 Prozent Linalylazetat enthalten muss.

Blauer Duft im Blumenbeet – Lavendel im Garten

Lavendel im eigenen Garten ist eine echte Bereicherung für Auge und Nase. Die genügsamen immergrünen Halbsträucher sorgen nicht nur für Farbtupfer im Blumenbeet, sie liefern auch Material für schöne Wohnraumdekorationen, duftende Kissenfüllungen und wirksame Beruhigungstees frei Haus.

Lavendelbüsche ergänzen nicht nur jeden Kräutergarten, sie verleihen auch Staudenbeeten mediterranes Flair und fügen sich hervorragend in Rabatten ein. Durch ihren Duft halten sie Blattläuse fern. Auch für eine Balkonbepflanzung eignen sich die duftenden Sonnenkinder bestens, ebenso für Töpfe und Tröge auf der Terrasse.

Der richtige Standort

Wenn Sie Lavendel in Ihrem Garten anpflanzen wollen, sollten Sie die wärmste Stelle dafür aussuchen. Außerdem benötigt er einen leichten, möglichst sandigen Boden, in dem sich keine Staunässe bilden kann. Auch darf die Erde auf keinen Fall sauer reagieren, sondern muss unbedingt kalkhaltig sein. Sollten Sie in Ihrem Garten schwere, lehm- oder tonhaltige Erde haben, empfiehlt es sich, diese an der Pflanzstelle mit etwas Sand oder Kies aufzulockern; bei saurer Erde

arbeiten Sie tiefgründig Gartenkalk ein. Für eine Gefäßpflanzung auf Balkon oder Terrasse gilt grundsätzlich das Gleiche wie für das Gartenbeet: Reichlich Sonne und ein gut wasserdurchlässiges Substrat sind unabdingbar, soll der Lavendel mit kräftigem Wuchs und üppiger Blütenpracht erfreuen.

Sortenvielfalt

Die Lavendelsorten, die in unseren mitteleuropäischen Gärten blühen, sind allesamt spezielle Züchtungen. Unser Klima ist zu feucht, und die Böden sind zu verschieden, als dass der echte provenzalische Lavendel hier auf Dauer eine Überlebenschance hätte. So zeichnen sich die kontinentalen Lavendelsorten etwa durch größere Abstände zwischen den einzelnen Blütenkränzen aus, wodurch die innen liegenden Blüten genügend Luft bekommen und nicht faulen.

In einen Ziergarten passt besser eine der großblütigen Lavandinsorten (Lavandula intermedia), im Kräutergarten empfiehlt sich auf jeden Fall der klassische Echte Heillavendel (Lavandula angustifolia oder Lavandula officinalis). Was die Blütenfarben anbelangt, bietet der Handel eine große Auswahl. Manche Züchtungen bringen weiße, andere rosa oder sogar grüne Blüten hervor. Besonders apart sieht es aus, wenn verschiedenfarbig blühende Exemplare miteinander kombiniert werden.

Für welche Sorte Sie sich auch entscheiden, wichtig ist, dass Sie eine winterharte Gartenzüchtung wählen, die auch mal eine strengere Frostperiode schadlos übersteht.

Mediterranes Flair – mit Lavendel auch im heimischen Garten möglich.

Ein guter Start

Zwar lassen sich einige Sorten aus Samen heranziehen, wesentlich einfacher ist es jedoch, im Frühjahr in der Gärtnerei oder einem Gartencenter fertige Jungpflanzen zu kaufen. Sobald die Gefahr von Spätfrösten vorbei ist, können die Pflänzchen im Freien eingesetzt werden.

Bedenken Sie, dass die zarten Setzlinge rasch zu stattlichen kleinen Büschen heranwachsen. Einen Pflanzabstand von 60 Zentimeter sollten Sie daher mindestens einhalten. Nur wenn Sie mit dem Lavendel eine heckenartige Einfassung oder Beetumrandung anlegen möchten, setzen Sie die Pflanzen etwas dichter, etwa alle 40 Zentimeter.

Normalerweise ist Lavendel eine ziemlich robuste Pflanze, die Hitze, Wind und Kälte gut verträgt. Wenn sie eingeht, liegt das in den meisten Fällen an einem zu nassen Boden, in dem die Feuchtigkeit nicht abfließen kann. Staunässe ist pures Gift für Lavendelwurzeln.

Legen Sie deshalb zuerst den Boden trocken, wenn Sie eine abgestorbene Lavendelpflanze ersetzen müssen, und sorgen Sie für eine Drainage, indem Sie unter der Pflanzgrube eine dicke Schicht aus Sand und Kies einbringen.

Die richtige Pflege rund ums Jahr

● Vor allem solange die Pflanzen noch klein sind, sollten Sie rundherum regelmäßig Unkraut jäten. Starkwüchsige Wildkräuter könnten die Lavendelpflänzchen leicht überwuchern und ersticken.

● Im Frühjahr, wenn sich die neuen Triebe bilden, sollten Sie bei Trockenheit hin und wieder gießen.

● Im Sommer hingegen brauchen die Lavendelpflanzen nicht gewässert zu werden. Zu viel Feuchtigkeit (auch durch Regen) reduziert die Bildung ätherischer Öle.

● Im März empfiehlt es sich, die Lavendelbüsche gründlich auszuputzen, d. h. überalterte und zu dicht stehende Triebe herauszuschneiden, damit sie im Sommer gut nachwachsen können. Auch nach der Ernte sollte noch einmal zurückgeschnitten werden. Nur dann behalten die Pflanzen ihre Wuchskraft und ihre charakteristische Igelform. Sollen die Lavendelbüsche niedrig bleiben, müssen nach dem Abblühen im August die Blütentriebe knapp über dem Boden herausgeschnitten werden.

● Dünger brauchen junge Pflanzen frühestens nach einigen Jahren. Am besten verabreichen Sie dann jeweils im November ein wenig Kalidünger.

Vermehrung durch Stecklinge

Wollen Sie Ihren Lavendel selbst vermehren, können Sie große Stöcke im Herbst einfach teilen und die Teilstücke getrennt einsetzen, oder im Frühjahr Stecklinge nehmen und diese zu neuen Pflanzen heranziehen.

Die Stecklingsvermehrung ist keine schwierige Sache: Reissen Sie fünf bis zehn Zentimeter lange Seitentriebe mit einem Ruck in Richtung Wurzel so von der Pflanze ab, dass sich noch etwas Holz vom Hauptzweig mit löst. Stecken Sie die Triebe dann etwa zehn Zentimeter tief in die Erde – am besten in einem Frühbeetkasten, um sie zunächst einmal vor Nachtfrost zu schützen. Drücken Sie die Erde ringsum gut fest, und halten Sie sie gleichmäßig feucht.

Wenn die Stecklinge nach einigen Wochen Wurzeln ausgebildet und neue Blätter getrieben haben, können sie an ihren endgültigen Platz umgesetzt werden.

Der richtige Zeitpunkt für die Ernte

Für professionelle Lavendelbauern ist der richtige Erntezeitpunkt immens wichtig, denn damit steht und fällt die Ausbeute an ätherischem Öl. Zum einen sollen die Blüten ihren höchsten Reifestand erreicht, aber noch nicht

Ob von Hand oder maschinell im Großbetrieb: Die Lavendelernte muss zum richtigen Zeitpunkt erfolgen.

überschritten haben, zum anderen muss die Sonne zur Erntezeit möglichst kräftig scheinen.

Als Hobbygärtner brauchen Sie es freilich nicht so genau zu nehmen. Warten Sie auf einen Sonnentag im Juli, und schneiden Sie dann die Blütenstände samt Stängel ab. Lavendelblätter zum Würzen in der Küche können Sie natürlich das ganze Jahr über frisch ernten.

Das Trocknen der Blüten

Bündeln Sie die Blütenstängel, und hängen Sie die Sträuße zum Trocknen kopfunter an einer Schnur auf. Der beste Platz dafür ist ein schattiger, gut belüfteter Raum im Haus, z. B. das Treppenhaus. Lassen Sie die Bündel am besten bis zu ihrer Verwendung einfach hängen. Durch solch schonendes Trocknen verlieren die Blüten zwar ein wenig an Farbe, aber nicht an Duft. Werden sie hingegen direkt in der prallen Sonne getrocknet, können die Blüten bis zu 25 Prozent ihres ätherischen Öls einbüßen.

Wenn Sie nur die Einzelblüten brauchen, etwa für ein Potpourri, ein Lavendelsäckchen oder auch zum Aufgießen eines Lavendeltees, dann breiten Sie die Blütenstängel in einem gut durchlüfteten Zimmer lose auf einem Regalbrett oder einem Tablett aus. Nach dem Trocknen können Sie die kleinen Blüten behutsam von der Rispe abstreifen.

Anwendungsformen von Lavendel

Auch wer keinen Garten hat, in dem er die duftenden Büsche kultivieren und deren blaue Blüten ernten kann, braucht heutzutage glücklicherweise auf Lavendel nicht zu verzichten. Die Blüten dieser duftenden Heilpflanze gibt es ebenso wie die Essenzen und Extrakte in verschiedenen Formen bzw. Zubereitungen überall zu kaufen.

Die Blüten

In Drogerien, Reformhäusern, Bastelgeschäften und Apotheken bekommt man getrocknete Lavendelblüten einzeln oder als ganze Blütenstände zu kaufen. Der Apotheker garantiert dafür, dass die zu Heilzwecken bestimmten Blüten den Anforderungen des Deutschen Arzneibuchs (DAB) entsprechen. Das DAB schreibt für jede Arzneipflanzendroge eine ganz bestimmte Qualität vor, einschließlich des Nachweises eines definierten Wirkstoffgehalts. Die getrockneten Blüten durchlaufen einige gesetzlich geregelte Analysen, bevor sie in das Verkaufsregal der Apotheke gelangen. Wer die Blüten für seinen Lavendelheiltee beim Apotheker kauft, kann daher sicher sein, ein Pflanzenmaterial von höchster medizinischer Wirksamkeit zu bekommen.

Getrocknete Lavendelblüten werden in der Apotheke unter der Bezeichnung »Lavandulae flos« geführt, wobei flos das lateinische Wort für Blüte ist.

Geruchsprobe angeraten

Für duftenden Zimmerschmuck kommt es hingegen weniger auf die arzneilichen Qualitäten, als vielmehr auf die Aromaintensität der blauen Blüten an. Weil das auf dem Markt befindliche Material in dieser Hinsicht recht unterschiedlich ausfällt, tut man gut daran, vor dem Kauf an den Blüten zu riechen. Auch wenn man als Laie feinste Aromanuancen wohl kaum wahrnehmen wird, lässt sich doch z. B. zu lang gelagerte und deshalb kaum noch duftende Ware erkennen.

Hildegard von Bingen empfahl gegen Konzentrationsschwäche einen Lavendelwein, der folgendermaßen hergestellt wird: 1 Esslöffel Lavendelblüten in 1/2 Liter Wein aufkochen, abkühlen lassen und abseihen. Täglich nach den Mahlzeiten 1 kleines Gläschen davon trinken.

Vielseitigkeit großgeschrieben

Lavendelblüten, frisch oder getrocknet, haben ein breites Anwendungsspektrum. Wegen ihrer schönen Farbe und ihres angenehmen Geruchs sind sie überaus beliebt als Bestandteil duftender Wohnraumdekorationen. Man kann mit ihnen kleine Stoffsäckchen füllen und diese als Mottenschutz in Kleiderschränken auslegen, oder man verarbeitet sie als beruhigende, schlaffördernde Füllung von Kopfkissen. Auch in der Aromaküche benutzt man Lavendelblüten als dekoratives und aromatisches Würzmittel. In der Pflanzenheilkunde gilt Lavendelblütentee als Universalheilmittel gegen viele körperliche und seelische Beschwerden – von Kopfschmerzen über nervöse Magenbeschwerden bis hin zu depressiver Verstimmung und Schlaflosigkeit.

Lavendeltee richtig gemacht

Einen Tee oder Aufguss kann man aus frischen und getrockneten Blüten herstellen. Die Vorgehensweise ist die gleiche wie bei vielen Kräutertees:
- 1 Teelöffel getrocknete oder 2 Teelöffel frische Blüten in eine Tasse geben und mit kochendem Wasser übergießen. Zugedeckt 10 bis 15 Minuten ziehen lassen.
- Lassen Sie beim Abnehmen des Deckels die daran kondensierten Flüssigkeitströpfchen in den Tee zurücklaufen. Sie sind besonders reich an ätherischen Ölen.

Lavendeltee

Heiß verabreicht wirkt Lavendeltee schweißtreibend und fiebersenkend. Er trägt außerdem zur Entgiftung des Körpers bei und beruhigt die Magennerven. Wegen seines etwas bitteren Geschmacks hat er sich pur jedoch nicht recht durchsetzen können. Sehr beliebt hingegen sind Lavendelblüten als Beimischung zu anderen, ähnlich wirkenden Teekräutern. So ergibt z.B. eine Mischung aus Lavendelblüten, Melissenblättern und Baldrianwurzel zu gleichen Teilen einen überaus wirksamen und dabei durchaus wohlschmeckenden Beruhigungs- und Schlaftee.

Ätherisches Öl

Ätherisches Lavendelöl ist die am häufigsten verwendete Aromaessenz. Es findet Gebrauch als Hautöl, als Badezusatz, in Aromalampen, für Inhalationen, in Cremes, Salben und Wässern sowie als Parfümnote. Technisch wird Lavendelöl durch Wasserdampfdestillation gewonnen. Bei diesem schonenden Verfahren bleiben die wirksamen Inhaltsstoffe (siehe Seite 22 f.) so gut wie vollständig erhalten. Die Pflanzen kommen in einen Behälter, der von Wasserdampf durchströmt wird, und werden dabei erhitzt. Die flüchtigen ätherischen Öle steigen zusammen mit dem Dampf auf und werden in ein Kühlrohr geleitet, wo sie sich als Flüssigkeit an den Wänden niederschlagen. Aus dem nach unten verlaufenden Rohr tropfen dann Wasser und ätherisches Öl in ein Auffanggefäß. Da Aromaöl leichter ist als Wasser, schwimmt es auf dessen Oberfläche und kann auf einfache Weise von ihm abgetrennt werden.

Ätherische Öle haben nichts mit dem Äther zu tun, der früher als Betäubungsmittel bei Narkosen verwendet wurde, sondern mit der poetischen Bezeichnung »Äther« für Luft. Es sind Substanzen, die schon bei Raumtemperatur sehr leicht verdunsten.

Lavendelwasser

Bei Lavendelwasser handelt es sich um nichts anderes als ätherisches Lavendelöl, das in Wasser verschüttelt wurde. Zur besseren Löslichkeit des ätherischen Öls wird dem Wasser meist etwas Alkohol zugesetzt. Man kann Lavendelwasser fertig kaufen, es aber auch problemlos selbst herstellen.

Eines der berühmtesten im Handel erhältlichen Lavendelwässer ist das Eau de Cologne, das seine besondere Duftnote der Beimischung von Bergamotte und anderen Essenzen verdankt.

Wie auch das ätherische Öl sollte Lavendelhydrolat in dunklen Flaschen oder Gläsern aufbewahrt werden. Bei kühler Lagerung ist es ein bis zwei Jahre haltbar.

Auch reines Lavendelwasser stellt ein ungemein erfrischendes Duftwasser dar. Wegen seines Alkoholgehalts empfiehlt es sich aber nur bedingt zur Hautpflege.

Hydrolat

Hydrolate nehmen eine Mittelstellung zwischen ätherischen Ölen und Kräutertees ein. Sie entstehen bei der Wasserdampfdestillation ätherischer Öle als willkommenes Nebenprodukt und enthalten neben ätherischen Ölen auch die wasserlöslichen Inhaltsstoffe der Pflanze, hauptsächlich Mineralsalze und Spurenelemente sowie Alkaloide. Da Hydrolate keinen Alkohol enthalten, sind sie hervorragend zur Hautpflege geeignet. Man bekommt sie in Apotheken und Reformhäusern sowie bei den Herstellern ätherischer Öle.

Ideal für die Hautpflege

Lavendelhydrolat ist ein sanftes und beruhigendes Gesichtswasser, das bei Hautirritationen ausgesprochen mild und ausgleichend wirkt. Man kann es auch sehr gut für Kompressen oder als Badezusatz verwenden. Auch eine beruhigende Gesichtsmaske ist damit schnell gemacht: einfach Tonerde oder Quark mit etwas Lavendelhydrolat anrühren.

Tinktur

Eine Tinktur ist ein alkoholischer Auszug aus frischen oder getrockneten Heilkräutern. Der Alkohol dient dabei nicht allein als Lösungsmittel für die Wirkstoffe der Pflanze, er macht die Tinktur auch haltbar. Weil die Inhaltsstoffe jedoch licht- und sauerstoffempfindlich sind, muss eine Tinktur dunkel und luftdicht verschlossen aufbewahrt werden. Aber auch dann ist davon auszugehen, dass nach einem Jahr nur noch ein Bruchteil der ursprünglichen Wirkstoffe vorhanden ist.

Heilkraft komplett

Lavendeltinktur, in der Apothekersprache Tinctura lavandulae genannt, ist eine gelbbraune Flüssigkeit. Anders als das ätherische Öl enthält die Tinktur auch diejenigen Substanzen, die bei der Destillation verloren gehen, etwa bestimmte Bitterstoffe. Diese Bitterstoffe werden von Pflanzenheilkundigen sehr geschätzt, weil sie einen starken Einfluss auf die Psyche haben. So wirkt sich z. B. das in Lavendel enthaltene Tannin positiv auf die Stimmung eines Menschen aus.

Lavendeltinktur, wie es sie in jeder Apotheke zu kaufen gibt, dient im Allgemeinen zur innerlichen Anwendung. Man nimmt sie zur Beruhigung und seelischen Festigung – und zwar, falls nicht anders verordnet, 3-mal täglich 1 Teelöffel, mit 1 Esslöffel Wasser verdünnt. Zarte Naturen sollten etwas weniger davon nehmen.

Wenn Sie gegen Alkohol allergisch sind, Alkoholprobleme oder ein Leberleiden haben, sollten Sie auf die Einnahme von Lavendeltinktur unbedingt verzichten. Greifen Sie stattdessen auf andere Zubereitungsformen von Lavendel zurück.

Fluidextrakt

Lavendelfluidextrakt ist eine braune, dickliche Flüssigkeit, die ähnlich wie die Tinktur durch einen Alkoholauszug aus der ganzen Pflanze gewonnen wird. Der pharmazeutische Name, unter dem sie in der Apotheke geführt wird, lautet Extractum lavandulae fluidum.

Wie bei der Tinktur sind es auch beim Fluidextrakt vor allem die Bitterstoffe, die den Lavendel zum wirksamen Heilmittel machen.

Geballte Heilkraft

Lavendelfluidextrakt ist fünfmal so konzentriert wie die Tinktur, enthält aber weniger Alkohol. Er kommt zum Einsatz, wenn sämtliche Inhaltsstoffe des Lavendels wirksam werden sollen, man aber nicht so viel Alkohol wie mit der Tinktur zu sich nehmen will. Die empfohlene Dosis an Fluidextrakt beträgt üblicherweise 3-mal täglich etwa 20 Tropfen, in etwas Wasser gelöst. Fluidextrakt ist relativ wenig gebräuchlich. Wie die Lavendeltinktur eignet er sich besonders für eine Behandlung auf geistig-seelischer Ebene. Kundige Heiler verordnen ihn labilen Patienten zur Persönlichkeitsstärkung oder als Stimmungsaufheller.

Der im Lavendel enthaltene Bitterstoff Tannin wirkt anregend und positiv auf die Psyche.

Homöopathische Zubereitungen

Lavendelblüten gibt es auch in homoöpathischer Aufbereitung zu kaufen. Präparate in unterschiedlichen Darreichungsformen und Potenzierungsgraden werden von verschiedenen Pharmafirmen angeboten, z. B. »Lavandula siccata« von Weleda. Bei dem Präparat »Lavandula e floribus« von Wala werden die Blüten vor der Potenzierung noch fermentiert. Dadurch soll das Präparat eine besonders hohe Wirksamkeit erlangen.

Zur Stärkung der Schwachen

Homöopathische Lavendelpräparate wirken in erster Linie auf den Geist, und dies viel subtiler als alle anderen Zubereitungen. Sie werden gerne verordnet, um ungesunde Persönlichkeitsstrukturen oder schädliche Verhaltensmuster zu beeinflussen. In erster Linie dienen sie Menschen mit geringem Selbstvertrauen, die es allen recht machen wollen. Ein homöopathisch potenziertes Lavendelmittel kann ihnen helfen, sich besser abzugrenzen, und verleiht ihnen die geistige Kraft und Klarheit, sich für ein eindeutiges Ja oder Nein zu entscheiden.

Aus Erfahrung gut

Trotz seiner guten Wirkung und einiger empirischer Erfahrung wird Lavendel von praktizierenden Homöopathen nur recht selten verordnet. Es gibt dafür nämlich (noch) kein homöopathisches Arzneimittelbild, d. h., Lavendel ist noch nicht nach den Regeln der Homöopathie geprüft und untersucht worden. Doch nach aller bisherigen Erfahrung ist jede wirksame Pflanzenarznei auch in homöopathischer Aufbereitung ein starkes und gleichzeitig schonendes Heilmittel.

Lassen Sie homöopathische Tabletten oder Kügelchen einfach auf oder unter der Zunge zergehen; schlucken Sie auch Tropfen nicht gleich hinunter. Die Mundschleimhäute sollten möglichst viel Zeit haben, die wirksamen Substanzen aufzunehmen.

Lavendel in der Naturheilkunde

Lavendel ist eines der wichtigsten Universalheilmittel der abendländischen Pflanzenmedizin und begleitet als solches den Menschen schon seit Jahrtausenden. Auch die moderne Wissenschaft bestätigt inzwischen seine vielseitige Heilkraft für Körper und Seele, ob als Tee, Massageöl oder Badezusatz, als Desinfektionsmittel oder Raumduft.

Lavendelmedizin

Zu Heilzwecken gibt es den Lavendel in verschiedenen Zubereitungen, z. B. als homöopathisches Mittel oder als Bestandteil von Salben und Tinkturen. Häufig benutzt die Naturmedizin die getrockneten Blüten für Aufgüsse und Heilteemischungen. Die beliebteste Anwendungsform ist und bleibt jedoch das Aromaöl.

Ungiftig, aber überaus wirksam

Das ätherische Öl des Echten Lavendels (Lavandula angustifolia), das hauptsächlich zu Heilzwecken verwendet wird, besitzt nicht nur ein enorm großes Wirkungsspektrum, es ist auch nahezu ungiftig. Neben dem Rosenöl und dem Teebaumöl gehört es zu den ätherischen Ölen mit der geringsten Toxizität. Im Gegensatz zu den meisten Aromaölen kann man davon ruhig mal einen Tropfen zu viel einnehmen, ohne sich gleich zu vergiften. Lavendelöl ist zu guter Letzt auch besonders hautverträglich – es kann sogar unverdünnt auf die Haut aufgetragen werden.

Obgleich Lavendelöl weitgehend ungiftig ist, sollten Laien ohne ärztlichen Rat von einer innerlichen Einnahme absehen.

Die Aromatherapie

Die altbewährte und in unserer Zeit von vielen neu ent-
deckte Aromatherapie ist eine Heilkunst, die ätherische
Öle verschiedener Pflanzen benutzt, um Körper und
Seele zu heilen bzw. gesund zu erhalten. Ein Grundsatz
dieser Lehre ist die ganzheitliche Betrachtungsweise
des Menschen. Mit anderen Worten: Wenn die Seele
gesund ist, geht es auch dem Körper gut. Dieses Prinzip
funktioniert auch umgekehrt: Wenn man sich körperlich
wohl fühlt, ist man auch seelisch ausgeglichen und stark.
Lavendelöl zählt in der Aromatherapie zu den am häufigsten eingesetzten Essenzen, nicht nur seiner vielseiti-
gen Wirkungen wegen, sondern auch, weil es sozusagen
an der »Nahtstelle« zwischen Körper und Seele ein-
greift – also da, wo die meisten modernen Zivilisations-
krankheiten angesiedelt sind.

Hilfe bei psychosomatischen Beschwerden

Vor allem bei psychosomatischen Erkrankungen, die
heute etwa 40 Prozent aller Krankheiten ausmachen, ist
die blaue Blume sehr gefragt. Gestressten, erschöpften,
reizbaren und nervlich angestrengten Menschen schlagen Belastungen häufig auf die Organe.
Heute werden Krankheiten, die sich aus der Wechsel-
wirkung von Körper und Seele ergeben, meist als funk-
tionelle Störungen bezeichnet und in der Medizin
auch unter dem Sammelnamen »vegetative Dystonie«
zusammengefasst. Zu den klassischen funktionellen
Störungen gehören alle nervösen Beschwerden der
Atemwege, des Herzes, der Haut und des Magen-Darm-
Trakts. Typische Beispiele sind etwa nervöses Hüsteln
und Räuspern, unerklärlicher Juckreiz oder Hautaus-
schlag, ein rasender Puls und heftige Herzschmerzen

bei einem organisch gesunden Herz, nervöser Harndrang, Durchfall oder Appetitlosigkeit oder auch nervöse Magenbeschwerden. Wo immer sich ein gestresster Geist negativ auf die körperlichen Funktionen auswirkt, hat sich Lavendel als Nervenmittel Nummer eins bewährt.

Lavendel gegen psychische Tiefs

Schon die großen Ärzte des Altertums haben erkannt, was moderne Naturheilkundler heute bestätigen: Insgesamt ist Lavendel das ideale Heilmittel für die große Gruppe von Gesundheitsstörungen, die aus einer krank machenden Lebenseinstellung oder nach traumatischen Erlebnissen entstanden sind. Beispiele hierfür sind Depressionen nach einem schweren Schicksalsschlag, Schlaflosigkeit aufgrund permanenter Überarbeitung oder durch große Sorgen, aber auch Reizbarkeit und Stimmungsschwankungen, die aus einer allgemeinen Lebensunzufriedenheit resultieren. Lavendel vermag den Menschen in solchen Situationen zu helfen, wieder mit sich ins Reine zu kommen.

Sogar in verschiedenen Nervenkliniken wurde Lavendel bereits eingesetzt. Die Mediziner berichten von überzeugenden Versuchen, in denen sowohl stark hysterischen wie auch depressiven Menschen mit Lavendel geholfen werden konnte.

In der Aromatherapie wird Lavendel besonders bei so genannten funktionellen Störungen erfolgreich eingesetzt.

Doppelte Heilwirkung

Zum zweifachen Einfluss auf Nervenfunktion und Psyche kommt als drittes noch die keimtötende Wirkung des Lavendelöls, die es als Desinfektionsmittel so wertvoll macht.

Das Geheimnis der großen Heilwirkung des Lavendels beruht auf seiner doppelten Wirkungsweise. Er kann sowohl erfrischen und aufbauen wie auch ausgleichen und beruhigen. Diese beiden Effekte schließen einander keineswegs aus, sondern ergänzen sich vielmehr.

▶ Die aufbauende Lavendelwirkung entsteht durch Energiezufuhr. Lavendel ist ein sehr sanfter Energiespender, der mit seiner Kraft die angegriffenen Nervenzellen regeneriert, ohne sie dabei aufzuputschen.

▶ Gleichzeitig kommen die ausgleichenden und beruhigenden Substanzen zum Tragen, die das gesamte vegetative Nervensystem beeinflussen. Dieses steuert alle rhythmisch ablaufenden Körpervorgänge wie Kreislauf, Atmung oder Verdauung. Funktionsstörungen dieser wichtigen Systeme bringen die zuvor genannten nervösen Beschwerden mit sich. Lavendel beruhigt und harmonisiert das vegetative Nervensystem.

Lavendel – ein Merkurkraut

Die ganzheitliche Kräuterheilkunde erklärt die Doppelwirkung des Lavendels mit dem verbindenden Prinzip des Merkur, der als Gottheit symbolisch für den Lavendel steht. Wie Merkur, der Gott der Diebe und Wegelagerer, aber auch der Kaufleute und Händler, der immer in Bewegung ist und Brücken schafft zwischen zwei Polen, hat auch das Merkurkraut Lavendel zwei Gesichter: auf der einen Seite beruhigend und entspannend, auf der anderen stimulierend und aufbauend. Immer steht diejenige Eigenschaft im Vordergrund, die gerade dringender gebraucht wird.

Lavendelwirkung auf die Chakren

Die ganzheitliche Lehre von den sieben Chakren, den Energiezentren des Körpers, war in Indien schon 3000 v. Chr. bekannt. Jedem dieser Chakren, die sich zwischen Unterleib und Kopf verteilen, ist ein Wirkungsbereich zugeordnet, der sowohl die psychische als auch die körperliche Verfassung des Menschen bestimmt. Laut Chakrenlehre kann in jedem Chakra der Energiefluss blockiert sein. Aus der mangelnden Versorgung einzelner Körperbereiche mit Lebensenergie resultieren dann Krankheiten und Missstimmungen.

Zielpunkt Solarplexus

Lavendel gilt als das Kraut des Solarplexus, des im Oberbauch gelegenen dritten Chakras, das die Funktionen von Leber, Gallenblase, Magen, Darm, Zwerchfell und Bauchspeicheldrüse regelt und starken Einfluss auf das vegetative Nervensystem hat.

Mit bestimmten meditativen Übungen kann man dieses Chakra stimulieren und harmonisieren und die Energien in ihm frei fließen lassen. Ein Lavendelbad kann bei der Meditation eine große Hilfe sein.

▶ Träufeln Sie 15 Tropfen Lavendelöl auf 1 Hand voll Salz, und lösen Sie dieses in einer Wanne mit 38 °C warmem Wasser auf. Bleiben Sie eine Zeit lang in dem Bad liegen, und atmen Sie den Duft bewusst ein. Konzentrieren Sie sich dabei ganz auf Ihren Körper.

▶ Noch intensiver können Sie dieses Chakra mit einer Lavendelmassage beeinflussen. Sorgen Sie für eine ruhige, meditative Atmosphäre, nehmen Sie sich Zeit, legen Sie sich bequem hin, und massieren Sie einige Tropfen Lavendelöl mit sanften Bewegungen im Bereich des Oberbauchs in die Haut ein.

Der etwas unterhalb des Zwerchfells in der Magengegend liegende Solarplexus ist das größte Netzwerk von Nervenbahnen in unserem Körper. Hier sind die Nerven des parasympathischen Systems gebündelt, das die vom Willen unabhängigen Funktionen der Organe, Drüsen und Blutgefäße regelt.

Der Lavendel hat eine besonders harmonisierende Wirkung auf die Psyche, indem er zugleich anregt und beruhigt. Insofern ist er für sensible Naturen mit einem labilen seelischen Gleichgewicht hervorragend geeignet.

SIND SIE EIN LAVENDELTYP?

● Haben Sie oft das Gefühl, beruflich nicht gut genug zu sein, obwohl Sie als sehr tüchtig gelten?

● Kommen Sie manchmal in innere Konflikte, weil Sie es sich mit keinem verderben möchten?

● Halten Sie sich für sensibel?

● Leiden Sie oft unter kalten Händen oder Füßen?

● Kann man Sie leicht zu etwas überreden, indem man Ihnen sagt, dass man Sie braucht?

● Hätten Sie eigentlich viel lieber einen ganz anderen, »unvernünftigen« Beruf ergriffen?

● Fällt es Ihnen schwer, Entscheidungen zu treffen?

● Sind Sie ein Perfektionist?

● Haben Sie manchmal rasende Kopfschmerzen?

● Machen Sie häufig Überstunden, oder nehmen Sie Arbeit mit nach Hause?

● Leiden Sie unter mehreren nervösen Störungen wie Magenschmerzen oder nervösem Hautjucken?

● Tun Sie oft Dinge, die Sie gar nicht wollen, nur weil Sie nicht Nein sagen können?

● Haben Sie vor kritischen Situationen manchmal Durchfall oder können nichts essen?

● Leiden Sie oft unter einem schlechten Gewissen?

● Ziehen Sie sich bei Auseinandersetzungen gerne beleidigt zurück?

● Ärgern Sie sich manchmal über sich selbst, weil Sie sich gegen Angriffe oder Gemeinheiten anderer Menschen nicht genügend zur Wehr setzen?

● Halten Sie oft um des lieben Friedens willen den Mund?

● Fühlen Sie sich manchmal vom Leben ungerecht behandelt?

● Beschleicht Sie manchmal das Gefühl, dass andere viel mehr aus ihrem Leben machen als Sie selbst?

Testauswertung

▶ Wenn Sie die Mehrzahl der Fragen mit Ja beantwortet haben, sind Sie ein ausgesprochener Lavendeltyp. Lavendel kann Ihnen in all seinen Zubereitungsarten helfen, Ihre persönlichen Stärken weiterzuentwickeln und Ihre Probleme zu meistern. Zusätzlich stärkt die Pflanze Ihr Selbstbewusstsein und macht Sie gegenüber negativen Einflüssen von außen weniger empfindlich.

▶ Wenn Sie nur einige der Fragen mit Ja beantwortet haben, gehören Sie zwar nicht zu dem hier aufgezeigten Persönlichkeitstyp, können Lavendel aber natürlich genauso gut benutzen. Diese Universalpflanze kühlt und beruhigt Hitzköpfe ebenso wie sie depressiven Naturen Mut macht und aufgeregten Hektikern die ersehnte Entspannung schenkt.

Lavendel für die körperlichen Schwachstellen

Kennen Sie Ihre körperlichen Schwachstellen? Das sind diejenigen Organe, die Sie bei nervlichen Belastungen als Erstes spüren. In stressigen Zeiten kann es sehr hilfreich sein, sie – auch vorbeugend – gezielt mit Lavendelöl zu behandeln. Folgende Zonen sprechen auf Lavendel besonders gut an:

▶ Der Solarplexus, auch Sonnengeflecht genannt (wenn Ihnen Aufregung auf den Magen schlägt)

▶ Die Herzgegend (wenn sich seelische Krisen bei Ihnen durch Herzbeschwerden bemerkbar machen)

▶ Der Brustkorb in Höhe der Bronchien (wenn Sie bei Stressbelastung unter Atemproblemen leiden oder aus Nervosität plötzlich heiser werden und sich ständig räuspern müssen)

▶ Die Ohrläppchen (bei schwachen Nerven oder depressiver Stimmung)

Da Aromaessenzen durch die Haut direkt zu den darunter liegenden Nerven und Organen dringen, sind Teilmassagen mit ätherischen Ölen eine sehr effektive Behandlungsmethode für organische Beschwerden. Reiben Sie ein paar Tropfen der puren Essenz mit den Fingerspitzen leicht in die Körperoberfläche über dem entsprechenden Organ ein.

Wohlbefinden dank Lavendelduft

Wohlbefinden ist eine gute Art von Gesundheitsvorsorge, das wissen Naturheilkundige schon lange. Und dass Düfte dabei eine große Rolle spielen, ist nicht erst bekannt, seit es den Begriff »Aromatherapie« gibt.

In unserer Zeit ist die Aromatisierung von Wohn- und Arbeitsräumen zu einem beliebten Hobby geworden. Mit wachsender Begeisterung stellen viele Menschen in ihren Büros, Praxen, Wohn- und Schlafzimmern Aromalampen auf. Man kann damit bestimmte Stimmungen in einem Raum ganz gezielt fördern und ebenso geistige oder gefühlsbetonte Prozesse unterstützen.

In Mischungen aus mehreren ätherischen Ölen wirkt Lavendelaroma ausgleichend und verbindend. Es rundet jede Duftmischung in der Aroma-lampe ab – ein großer Vorzug insbesondere für Anfänger in der Kunst der Aromatherapie.

Lavendel pur oder im Mix

▶ Um einen Raum mit Duft zu erfüllen, gibt man, je nach Größe des Raums und Intensität des ätherischen Öls, etwa 3 bis 15 Tropfen einer Essenz oder einer Mischung aus Essenzen in die mit Wasser gefüllte Schale einer Aromalampe.

Als Nervenbalsam hat sich Lavendelöl in den letzten Jahren zum Renner entwickelt, weil es auf ganz besondere Weise entspannt. Sein Aroma beruhigt, ohne müde zu machen, und bringt Klarheit in jedes gedankliche Chaos. Nach getaner Arbeit hilft der blaue Duft beim Abschalten, indem er ein Gefühl von Schutz und Geborgenheit vermittelt.

Wollen Sie Lavendelöl mit anderen Duftnoten mischen, müssen Sie sich keine Gedanken über die Verträglichkeit der verschiedenen Komponenten machen. Zwar harmoniert der Lavendelduft besonders gut mit den Aromen von Zitrusfrüchten, Blüten und Nadelbäumen, doch verträgt er sich auch mit fast allen anderen ätherischen Ölen.

RAUMDUFTMISCHUNGEN FÜR JEDE GELEGENHEIT

Für eine frische und reine Raumatmosphäre	7 Tropfen Lavendel, 5 Tropfen Zitrone
Eine beruhigende Schlafmischung	4 Tropfen Lavendel, 3 Tropfen Melisse
Bei Schnupfen zum besseren Durchatmen	8 Tropfen Lavendel, 4 Tropfen Zirbelkiefer
Zum Abschalten nach einem anstrengenden Tag	5 Tropfen Lavendel, je 2 Tropfen Kamille und Orange
Fürs Büro und für Konferenzen	Je 5 Tropfen Lavendel, Rosmarin und Sandelholz, 10 Tropfen Geranie, 3 Tropfen Eukalyptus
Für klare Gedanken bei geistigen Arbeiten	Je 5 Tropfen Lavendel und Grapefruit
Bei Kummer, Niedergeschlagenheit und depressiven Tiefs	6 Tropfen Lavendel, 5 Tropfen Zypresse, 3 Tropfen Orange
Zur Zentrierung und Klärung des Geists	2 Tropfen Lavendel, 4 Tropfen Zeder, 3 Tropfen Bergamotte
Für meditative Übungen und zur inneren Besinnung	Je 3 Tropfen Lavendel, Ysop und Zypresse
Gegen Kopfschmerzen und stressbedingte Nervosität	5 Tropfen Lavendel, 4 Tropfen Pfefferminze
Zur Steigerung der Abwehr bei Erkältungsgefahr	Je 4 Tropfen Lavendel, Majoran und Pfefferminze
Für geistige Anregung und Erfrischung	4 Tropfen Lavendel, 5 Tropfen Petitgrain, 3 Tropfen Grapefruit
Nach einem Streit oder einer schlaflosen Nacht	Je 2 Tropfen Lavendel und Bergamotte, 5 Tropfen Douglasie
Für eine himmlische Liebesnacht	1 Tropfen Lavendel, 2 Tropfen Jasmin, 2 Tropfen Rose

Ein Bad für die Gesundheit

An manchen Tagen sehnt man sich nur noch nach einem warmen Bad, um alle Sorgen, allen Stress und Streit davonschwimmen zu lassen. Nichts ist schöner, als diese wohlverdiente Entspannung mit einem angenehmen Duft zu zelebrieren.

In der richtigen Kombination können die Aromen aber auch anregen, vitalisieren oder die Abwehr stärken. Dabei üben die ätherischen Öle ihre heilsame Wirkung auf den Körper nicht nur über die Nase aus, sondern auch, indem sie direkt durch die Haut dringen.

Wichtige Trägersubstanz

Damit sich die ätherischen Öle im Wasser auflösen und ihre Wirkstoffe sich verteilen, müssen Sie immer eine Trägersubstanz dazugeben. Folgende Trägersubstanzen eignen sich für die Badewanne:

▶ 1 Esslöffel unparfümierte Flüssigseife
▶ 1 Esslöffel Honig
▶ 1 Esslöffel Pflanzenöl, wie z. B. Mandel-, Sesam- oder Olivenöl
▶ 1 Teelöffel Apfelessig
▶ 1/2 Becher Sahne
▶ 1 Esslöffel Milch
▶ 1 Hand voll Meersalz

So stellen Sie Ihren Badezusatz her:

Verrühren Sie zuerst die ätherischen Öle mit der Trägersubstanz in einem Schälchen, und geben Sie dann die fertige Mischung ins einlaufende Wasser.

Als Faustregel gilt: Pro Badewannenfüllung nicht mehr als 10 bis 15 Tropfen ätherisches Öl verwenden. Die Wassertemperatur sollte nach Möglichkeit knapp über 37 °C liegen. Die optimale Dauer beträgt 20 Minuten.

Ätherische Öle, die man ohne Trägersubstanz direkt dem Badewasser zusetzt, schwimmen nur auf der Wasseroberfläche. In der dort dann sehr hohen Konzentration können sie unter Umständen zu lokalen Hautreizungen führen.

BADEZUSÄTZE AUS ÄTHERISCHEN ÖLEN

Für wohltuende Entspannung	10 Tropfen Lavendel, je 5 Tropfen Orange und Ylang-Ylang
Zur Vorbeugung gegen Erkältung	4 Tropfen Lavendel, 2 Tropfen Pfeffer, 5 Tropfen Wacholder
Zum Wachwerden am Morgen	5 Tropfen Lavendel, 4 Tropfen Rosmarin, 3 Tropfen Geranie
Für besseren Schlaf am Abend	Je 5 Tropfen Lavendel und Myrte, 2 Tropfen Rose
Zur Anregung der Sinnlichkeit	Je 2 Tropfen Lavendel und Rose, 4 Tropfen Ylang-Ylang
Gegen düstere Gedanken	Je 2 Tropfen Lavendel und Myrte, 4 Tropfen Muskatellersalbei
Für innere Harmonie	Je 4 Tropfen Lavendel und Geranie
Zur Anregung des Kreislaufs	2 Tropfen Lavendel, je 4 Tropfen Zitrone und Rosmarin
Zur Vorbeugung gegen Muskelkater nach dem Sport	1 Tropfen Lavendel, je 2 Tropfen Fichtennadeln, Thymian und Eukalyptus
Bei verspannten Schultern und Rückenmuskeln	6 Tropfen Lavendel, 2 Tropfen Cajeput
Bei Menstruationsbeschwerden	8 Tropfen Lavendel, je 3 Tropfen Melisse, Muskatellersalbei und Dill
Bei Nesselsucht	Je 3 Tropfen Lavendel und Kamille
Bei Akne	8 bis 10 Tropfen Lavendel
Bei Rückenschmerzen	Je 3 Tropfen Lavendel, Ingwer, Majoran, Pfefferminze und Rosmarin
Bei rheumatischen Beschwerden	2 Tropfen Lavendel, 5 Tropfen Rosmarin, je 3 Tropfen Lorbeer und Zirbelkiefer

Lavendelmassagen

Auch wenn Lavendelöl als ausgesprochen hautverträglich gilt, kann es, pur angewendet, bei sehr empfindlichen Personen doch zu lokalen Hautreizungen führen. Die meisten anderen ätherischen Öle sind allerdings noch wesentlich aggressiver.

Aromamassagen gehören zu den sinnlichsten Behandlungen der Aromatherapie. Dabei gelangen die wertvollen ätherischen Essenzen über Nase und Haut in den Körper und entfalten dort sehr schnell und direkt vor Ort ihre Wirkung. Wie bei den Badezusätzen gilt auch hier: Auf keinen Fall dürfen Sie die Substanzen pur verwenden. Sie müssen unbedingt mit einem fetten pflanzlichen Träger- oder Basisöl verdünnt werden.

Trägeröle

Als Trägeröl können Sie grundsätzlich jedes Pflanzenöl benutzen. Es ist aber sinnvoll, hochwertige Öle zu verwenden, weil diese die Haut zusätzlich pflegen und die Wirkung der Aromaessenzen noch unterstützen. Folgende Öle sind empfehlenswert:

▶ Jojobaöl   ▶ Sesamöl
▶ Avocadoöl   ▶ Hagebuttenkernöl
▶ Süßes Mandelöl   ▶ Hanföl
▶ Macadamianussöl   ▶ Johanniskrautöl
▶ Weizenkeimöl   ▶ Kaltgepresstes Olivenöl

Lavendelmassagen vor und nach dem Sport helfen Zerrungen und Muskelkater vermeiden.

Massageöl selbst herstellen

Kaufen Sie ein 100-Milliliter-Fläschchen Trägeröl, gießen Sie ein paar Tropfen davon ab, und träufeln Sie vorsichtig die ausgewählten ätherischen Öle in die Flasche. Gut verschütteln, und schon ist das Massageöl gebrauchsfertig.

Als Faustregel für Haut- und Massageöle gilt: Auf etwa 100 Milliliter Basisöl kommen nicht mehr als etwa 10 bis 20 Tropfen ätherisches Öl.

Weitere auch für Hautöl geeignete Kombinationen finden Sie auf Seite 47 (»Badezusätze«).

Massageöle mit Lavendel

Kombinationen von Lavendelöl mit anderen ätherischen Ölen ergeben erstklassige Massageöle für die verschiedensten Anwendungen.

● Als Energiespender	10 Tropfen Lavendel, 2 Tropfen Rosmarin
● Bei Muskelschmerzen und Weichteilrheuma	Je 3 Tropfen Lavendel, Rosmarin und Ingwer, 6 Tropfen Kanuka, 5 Tropfen Teebaum
● Gegen Stress	5 Tropfen Lavendel, je 10 Tropfen Geranie und Kamille
● Gegen schwaches Bindegewebe	Je 2 Tropfen Lavendel und Orange, 5 Tropfen Zypresse, 4 Tropfen Wacholder
● Vor und nach dem Sport	5 Tropfen Lavendel, 7 Tropfen Wacholder, 3 Tropfen Rosmarin
● Bei Bauchweh und Unterleibsschmerzen	2 Tropfen Lavendel, 5 Tropfen Schafgarbe, 3 Tropfen Muskatellersalbei
● Zur Steigerung der Abwehrkraft gegen Infektionen	Je 2 Tropfen Lavendel und Manuka, 5 Tropfen Teebaum, 3 Tropfen Angelikawurzel

Hexenkunst und Sterndeutung mit Lavendel

Bei der Betrachtung des Lavendels lohnt sich ein Blick auf die spirituellen Aspekte dieser Pflanze. Ihre geistig-seelische Kraft wird in der Magie, der Astrologie und bei verschiedensten kultischen Ritualen bereits seit Urzeiten genutzt.

Die universell denkende Erfahrungsheilkunde geht davon aus, dass alle natürlichen Phänomene miteinander in einem Zusammenhang stehen. Und so ordnet sie jedem Planeten, jedem Element, jeder Farbe, jedem Chakra usw. eine Pflanze zu bzw. umgekehrt.

Lavendel und Magie

Hexen haben den Lavendel, den sie Elfenblatt nannten, seit Jahrhunderten für ihre Rituale genutzt. So reinigten sie etwa ihre magischen Werkzeuge mit Lavendelwasser. In alten südfranzösischen Hexenkreisen wurden getrocknete Lavendelblüten zur Mittsommernacht ins Feuer geworfen, um Visionen und Inspiration zu provozieren. Der Rauch brennenden Lavendels half den weisen Frauen, sich in einen Trancezustand zu versetzen, in dem sie erhöhte Klarheit zu gewinnen suchten. Auch heute spielt diese Eigenschaft des Lavendels in Esoterikkreisen noch eine Rolle, dann näm-

lich, wenn Klarheit über bestimmte Zusammenhänge gesucht wird.

Die englische Pflanzenkundlerin Elisabeth Brooke, die sich mit den magischen Kräften des Lavendels beschäftigte, empfiehlt, den Lavendel in Phasen eines Neuanfangs zu nutzen, sei es zu Beginn einer Unternehmung oder im Zusammenhang mit neuen Ideen. Auch junge Seelen sollen mit

Der Jupitersohn Merkur und seine Planetenkinder. Italienische Buchmalerei aus dem 15. Jahrhundert.

Lavendel willkommen geheißen werden. Ein Lavendelbeutel, der einem Neugeborenen in die Wiege gelegt wird, schützt den Säugling angeblich vor bösen Einflüssen aller Art.

Lavendel und Astrologie

Lavendel entspricht astrologisch dem Planeten Merkur, der gleichzeitig auch eine Gottheit darstellt. Merkur ist der römische Gott der Diebe, der Kaufleute und vor allem der Beweglichkeit. Sein Pendant in der griechischen Mythologie ist Hermes, der Götterbote, der immer laufend dargestellt wird und geflügelte Füße hat. Ein Merkurmittel wie der Lavendel wirkt stets verbindend und ausgleichend. Viele Heiler nutzen dieses Wissen, um unterschiedliche Pflanzenwirkungen miteinander zu koppeln. Zudem kann das Merkurkraut Lavendel anderen Heilpflanzen gleichsam Flügel verleihen, indem es deren Wirkung auf die Psyche noch unterstützt. Zur Verdeutlichung einige Beispiele:

● Zusammen mit Pfefferminzöl, das dem kalten Mond zugeordnet wird, entfaltet Lavendelöl kühlende Wirkung auf den Geist.

● Sonnenöle wie Zimt- oder Nelkenöl haben zusammen mit Lavendel eine erwärmende Wirkung auf den Geist. Sie wirken stimmungsaufhellend.

● Der Venus zugeordnete Öle wie Rose, Geranie oder Palmarosa vermögen einen erschöpften Geist wieder aufzubauen. Zusammen mit Lavendelöl verstärkt sich ihre regenerierende Wirkung auf müde und erschöpfte Gemüter noch.

Was dem Lavendel zugeordnet wird

Planet	Merkur
Element	Luft
Sternzeichen	Jungfrau, Zwilling
Farbe	Indigoblau
Chakrenlehre	Sonnengeflecht (drittes Chakra)
Tarotkarten des großen Arkanum	Gerechtigkeit, die Hohepriesterin, die Herrscherin
Mondphase	Neumond
Jahreszeit	Frühling
Tageszeit	Früher Morgen
Charakter	Yin (beruhigend) und Yang (anregend) ausgeglichen
Eigenschaft	warm-trocken
Runenlehre	THORN (3), NOT (8), TYR (12)
Organe	Lunge, Nervensystem

Wofür und wogegen Lavendel hilft

Lavendel ist nicht nur ein altbekanntes, sondern auch ein ungemein vielseitiges Heilkraut. Die körperlichen und seelischen Probleme, denen man mit seiner Hilfe zu Leibe rücken kann, reichen von Akne bis Sonnenbrand, von Appetitlosigkeit bis zu Panikattacken. Ob er seine Heilkraft im Einzelfall besser als Tee oder als Umschlag, durch den Duft seines ätherischen Öls oder als homöopathisches Mittel entfaltet, gehört zum wertvollen Erfahrungsschatz der Naturheilkunde.

Beschwerden von A bis Z

Der anhaltende Trend zum »Do it yourself« macht auch vor Heilmitteln nicht Halt, insbesondere wenn es sich um altbewährte Hausmittel handelt, die schon unsere Groß- und Urgroßmütter eingesetzt haben. Natürlich wird man einen Teeaufguss im Bedarfsfall jeweils frisch zubereiten, doch kommt es hier entscheidend auf das Ausgangsmaterial, die Lavendelblüten, an. Denn nicht der Lavendel heilt, sondern die in ihm enthaltenen Wirkstoffe. Der Wirkstoffgehalt einer jeden Heilpflanze aber schwankt von Standort zu Standort, von Jahr zu Jahr und von Monat zu Monat und kann von einem Laien nicht überprüft werden. Wer für seinen Teeaufguss Lavendelblüten aus dem eigenen Garten verwendet, muss sich deshalb darüber im Klaren sein, dass er sich über die richtige Dosierung keine Gewissheit verschaffen kann.

Das Deutsche Arzneibuch (DAB) schreibt für jede Heilkräutermedizin, die in der Apotheke verkauft wird, eine ganz bestimmte Qualität, d. h. einen definierten Wirkstoffgehalt vor.

Geprüfte Qualität aus der Apotheke

Lavendelblüten, die man in der Apotheke kauft, haben hingegen harte Qualitätskontrollen hinter sich. Sowohl in den betriebseigenen Laboratorien des Drogengroßhandels als auch im Zentrallabor der Deutschen Apotheker in Eschborn werden Quantität und Qualität ihrer Inhaltsstoffe mit modernsten Analysegeräten geprüft. Die strengen Vorschriften gelten ebenso für alle Heilmittel, z. B. Salben oder Tinkturen, die aus Lavendelblüten hergestellt werden und für die Lavendelextrakte mit Arzneibuchqualität Verwendung finden.

Die vorgeschriebenen Qualitätskontrollen garantieren auch, dass Lavendelblüten aus der Apotheke keine Rückstände von Pflanzenschutzmitteln oder andere Umweltgifte enthalten.

Homöopathische Lavendelmittel

Nicht nur wegen des komplizierten Potenzierungsverfahrens homöopathischer Heilmittel ist es vorzuziehen, diese in der Apotheke zu kaufen. Man erwirbt geprüfte Qualität, denn die Ausgangssubstanzen müssen auch hier dem Deutschen Arzneibuch (DAB) entsprechen und die Zubereitung den Vorschriften des Homöopathischen Arzneibuchs (HAB) folgen.

Nur der Echte ist echt wirksam

Für alle in diesem Kapitel genannten Rezepte sollten Sie – sofern nicht ausdrücklich anders angegeben – ausschließlich Heillavendel benutzen, sei es als Droge (getrocknete Blüten) aus der Apotheke oder als ätherisches Öl. Die Handelsbezeichnungen, die auf den Ölfläschchen zu finden sind, lauten »Lavendel vera«, »Lavendel extra« oder »Lavendel fein«. Die botanisch gebräuchlichen Namen für den medizinisch wirksamen Echten Lavendel sind Lavandula angustifolia, Lavandula vera oder Lavandula officinalis.

Abwehrschwäche

Wer oft abgespannt ist, sich leicht Erkältungen und andere Infektionen zuzieht und lange daran herumlaboriert, leidet wahrscheinlich unter einer Abwehrschwäche. Als Ursachen kommen meistens Stress und/oder eine hohe Schadstoffbelastung des Körpers infrage. Wenn Leber und Darm mit den täglichen Giften aus Luft und Lebensmitteln nicht mehr fertig werden, macht die Körperabwehr über kurz oder lang schlapp. Auch seelische Krisen schwächen unser Immunsystem. Zur Steigerung der körpereigenen Abwehrkräfte haben sich folgende Anwendungen bestens bewährt:

▶ **Honigzubereitung**

3 Teile Lavendelöl sowie je 1 Teil Thymianöl, Zimtöl und Eukalyptusöl mit 10 Teilen Honig verrühren. In Zeiten erhöhter Erkältungsgefahr nehmen Sie etwa 1 Woche lang 2- bis 3-mal täglich 1 Teelöffel dieser Mischung ein.

▶ **Aromamassage**

Für eine Aromamassage vermischen Sie 10 Tropfen Lavendelöl, 5 Tropfen Bergamotteöl und 10 Tropfen Teebaumöl mit 50 Milliliter Sesamöl. Massieren Sie damit Rücken, Arme, Beine, Hände und Füße, und zwar am besten 1-mal pro Woche und zusätzlich immer dann, wenn Sie mit erkälteten Menschen zusammen waren.

▶ **Vollbad**

Benutzen Sie als Badezusatz eine Mischung aus antiseptisch wirkenden ätherischen Ölen, die zugleich Ihren Körper widerstandsfähiger machen. Für ein Vollbad verrühren Sie z. B. 3 Tropfen Lavendelöl, 3 Tropfen Teebaumöl und 2 Tropfen Zitronenöl mit 1/2 Becher Sahne und setzen das Ganze dem Badewasser zu (zu Vollbädern siehe auch Seite 46f.).

Achten Sie zur Stärkung der körpereigenen Abwehrkräfte vor allem auf eine vitaminreiche Ernährung, und gehen Sie regelmäßig in die Sauna. Da ein großer Teil der Abwehrkörper im Darm gebildet wird, hilft oft auch eine Darmsanierung beim Heilpraktiker.

Akne

Von den entzündeten Pusteln auf Gesicht und Schultern sind längst nicht nur Jugendliche betroffen. Auch Erwachsene bekommen immer häufiger unreine Haut mit akneähnlichem Erscheinungsbild. Schuld daran sind oftmals Medikamente, Lebensmittelallergien oder Umweltschadstoffe wie z. B. Farbstoffe in Textilien. Lavendel bringt in jedem Fall Linderung.

Auch eine länger andauernde, vermehrte Adrenalinausschüttung durch Stress kann zu Akne führen.

▶ **Gesichtswasser**

Mischen Sie sich ein Gesichtswasser aus je 2 Tropfen Lavendelöl, Bergamotteöl, Römische-Kamillen-Öl und 1 Tropfen Rosmarinöl, 100 Milliliter destilliertem Wasser und 5 Milliliter Alkohol. Reinigen Sie Ihr Gesicht damit regelmäßig morgens und abends.

▶ **Gesichtsdampfbad**

Machen Sie 1- bis 2-mal pro Woche ein Gesichtsdampfbad mit je 1 Teelöffel Kamillen- und Lavendelblüten, die Sie in einer Schüssel mit kochend heißem Wasser übergießen.

Die Wirkstoffe des Lavendels bringen innerlich wie äußerlich angewendet andauernde Linderung bei Hautproblemen.

▶ **Abtupfungen**

Eine stark unreine Haut können Sie abends nach dem Waschen mit Lavendelöl pur behandeln. Mit einem Wattestäbchen wird die Essenz auf die entzündeten Pickel aufgetupft. Diese Prozedur sollten Sie jeden zweiten Abend wiederholen, bis sich Besserung zeigt.

▶ **Teeaufguss**

Für die innerliche und äußerliche Anwendung geeignet ist ein Teeaufguss. Bereiten Sie eine Kräutermischung, die zur Hälfte aus Lavendelblüten, zur anderen Hälfte aus Ringelblumen, Gänseblümchen und Walnussblättern besteht. Übergießen Sie 3 Esslöffel davon mit 3/4 Liter heißem Wasser, und lassen Sie den Aufguss 10 Minuten ziehen. Trinken Sie die Hälfte als Tee, den Rest verwenden Sie zum Reinigen des Gesichts.

Angst, unbestimmte

Die Angst, die jeder Mensch vor echten Gefahren hat, ist eine normale Schutzreaktion des Körpers. Bei der unbestimmten Angst handelt es sich jedoch um eine zwanghafte Lebenseinstellung. Solche Persönlichkeitstypen fürchten sich vor jedem Risiko und jeder Veränderung. Körperlich tendieren sie zu Nervosität, nervösen Magenbeschwerden, Schlaflosigkeit und vegetativer Dystonie (siehe auch jeweils dort).

▶ **Teekur**

Stellen Sie sich eine Kräutermischung zusammen aus 3 Teilen Lavendelblüten und je 1 Teil Benediktenkraut, Betonie, Brennnesselblätter, Rosenblüten und Taubnesselblätter. Bereiten Sie sich aus 3 Esslöffeln dieser Mischung 3/4 Liter Tee, den Sie 10 bis 15 Minuten ziehen lassen. Trinken Sie mehrmals täglich 1 große Tasse über mehrere Wochen hinweg, bis Sie das Gefühl haben, innerlich sicherer zu sein.

Bei Angstgefühlen, die mit nervösen Störungen einhergehen, können auch die körperlichen Symptome gezielt mit Lavendel behandelt werden. Außerdem sollte man das Gespräch mit einem Arzt oder Psychologen suchen.

Appetitlosigkeit, nervös bedingte

Mangelnder Appetit ist ein typisches Stresszeichen bei Menschen, denen alles auf den Magen schlägt. Bei zu viel Aufregung bekommt man nichts mehr hinunter, und wenn doch, dann bleibt die Nahrung wie ein Stein im Magen liegen und wird nur schwer verdaut.

▶ **Nerventee**

Eine nervenberuhigende Teemischung besteht aus je 2 Teilen Lavendel und Basilikum sowie je 1 Teil Fieberklee, Kalmuswurzelpulver und Ringelblume. Übergießen Sie 3 Esslöffel der Kräutermischung mit 3/4 Liter kochendem Wasser, und lassen Sie das Ganze 10 bis 15 Minuten ziehen. Trinken Sie diesen Tee über den Tag verteilt – heiß und in kleinen Schlucken.

▶ **Homöopathisches Mittel**

Alternativ (nicht zusätzlich) zum Tee können Sie sich vom Apotheker folgendes homöopathische Mittel zubereiten lassen: Lavandula dil D3, Basilikum dil D3, Calendula dil D3, Calamus aromaticus dil D3, Menyanthes dil D3, jeweils zu gleichen Teilen. Immer wenn Sie vor lauter Nervosität nichts essen können, nehmen Sie von dieser Mischung alle 2 Stunden 20 Tropfen in 1 Teelöffel Wasser.

Eine Aufregung, bei der es den meisten Menschen den Appetit verschlägt, ist das klassische Lampenfieber.

Blasenentzündung

Harnwegsinfekte kündigen sich mit häufigem Harndrang und brennenden Schmerzen beim Urinieren an. Als Auslöser kommen Unterkühlungen des Unterleibs in Betracht, häufig begünstigt durch stressbedingte Abwehrschwäche, aber auch hormonelle Umstellungen, z. B. in der Schwangerschaft oder während der Wechseljahre. Manche Frauen bekommen in sexuell aktiven Zeiten Blasenentzündungen nach dem Geschlechts-

HOMÖOPATHISCHER GEHEIMCODE

Die Buchstaben-Ziffern-Kombination im Namen von homöopathischen Präparaten gibt die Art und Anzahl der Potenzierungsschritte an, die bei der Herstellung des Präparats durchgeführt wurden.

● D (lateinisch: decem = 10) bedeutet, dass jeder Schritt eine Verdünnung auf das Zehnfache darstellt.

● C (lateinisch: centum = 100) bedeutet, dass jeweils eine Verdünnung 1:100 durchgeführt wurde.

● Die Ziffer hinter dem Buchstaben gibt an, wie viele Potenzierungsschritte aufeinander folgten. Je höher diese Zahl, desto stärker ist die Wirkung des Präparats.

verkehr. Diese Infektionen werden fast immer durch Bakterien verursacht.

Die Mehrzahl der Ärzte verschreibt bei Blasenentzündung Antibiotika, dabei ist das gar nicht in jedem Fall nötig. Wer bei den ersten Anzeichen sofort mit bestimmten Maßnahmen reagiert, kann eine Antibiotikabehandlung womöglich vermeiden.

▶ **Sitzbad**

Bereiten Sie sich 2-mal täglich ein Sitzbad mit folgenden ätherischen Ölen: je 4 Tropfen Lavendel und Sandelholz sowie 3 Tropfen Manuka, alles gelöst in 2 Esslöffeln Sesamöl. Diese Mischung geben Sie in eine bis in Nabelhöhe gefüllte Badewanne.

▶ **Warme Umschläge**

Schmerzen im Unterbauch werden durch einen warmen Umschlag gelindert. Geben Sie 4 Tropfen Lavendelöl und 3 Tropfen Manukaöl in einen Topf mit 2 Liter warmem Wasser. Tränken Sie ein sauberes Baumwolltuch damit, und legen Sie es sich auf den Unterleib.

Das A und O bei Blasenproblemen sind Wärme und eine gute Spülung der Harnwege. Machen Sie also, wenn Sie betroffen sind, eine Wärmflasche und Getränke (mindestens drei Liter täglich) zu Ihren ständigen Begleitern.

▶ **Blasentee**

Ein bewährter Blasentee besteht zu gleichen Teilen aus Lavendelblüten, Buccoblättern, Goldrute, Schachtelhalm und Taubnesselblättern. Übergießen Sie 12 Esslöffel dieser Heilkräutermischung mit 3 Liter heißem Wasser, und lassen Sie sie 10 Minuten ziehen. Trinken Sie den Blasentee über den Tag verteilt, und zwar die ganzen 3 Liter.

Blutdruck, hoher

Wenn der Blutdruck häufig zu hoch ist (mehr als 140 mmHg systolischer und 90 mmHg diastolischer Druck), sollte in jedem Fall ein Arzt nach organischen Ursachen fahnden. Meist liegt es an Übergewicht, falscher Ernährung und einem hohen Cholesterinspiegel. Aber auch psychische Anspannung, Stress oder Ärger spielen oft eine Rolle. In diesen Fällen kann Lavendel wahre Wunder bewirken, indem er das Nervenkostüm entspannt und für »ruhig Blut« sorgt.

Ein wirksames homöopathisches Mittel gegen Bluthochdruck ist Reserpinum dil D6. Nehmen Sie davon 3-mal täglich 5 Tropfen.

▶ **Nerventee**

Für einen Nerventee mischen Sie 3 Teile Lavendel, 2 Teile Weißdornblüten und -blätter und je 1 Teil Mistelpulver, Orangenblüten und Rosenblüten. Bereiten Sie aus 3 Esslöffeln dieser Mischung 3/4 Liter Tee, den Sie 10 Minuten ziehen lassen. Trinken Sie ihn in kleinen Schlucken und in mehreren Portionen über den ganzen Tag verteilt.

▶ **Vollbad**

Zum Abschalten am Abend empfiehlt sich ein nicht zu heißes Vollbad (37 °C) mit einem Zusatz aus 7 Tropfen Lavendelöl, 5 Tropfen Geranienöl und 1 Tropfen Zedernholzöl, emulgiert in 1 Esslöffel Honig. Die optimale Badedauer beträgt etwa 20 Minuten. Danach sollten Sie sich gleich ins Bett legen.

Blutdruck, niedriger

Ein zu niedriger Blutdruck gehört zu den hartnäckigsten Leiden überhaupt. Typische Anzeichen dafür: Beim morgendlichen Aufstehen wird einem schwarz vor Augen, ständig hat man kalte Füße und am Vormittag das Gefühl, nicht richtig wach zu werden. Solange die Beschwerden nicht zu gravierend sind, reichen oft natürliche Energiespender wie der Lavendel aus, um den Kreislauf in Schwung zu bringen.

▶ **Muntermachtee**

Bereiten Sie sich morgens zum Frühstück einen Muntermachtee aus folgenden Kräutern: Lavendel, Angelikawurzel (pulverisiert), Mariendistelkraut, Rosmarin, Salbei und Ysop, alles zu gleichen Teilen gemischt. 3 Esslöffel der Mischung mit 3/4 Liter kochendem Wasser aufgießen und 10 Minuten ziehen lassen. Trinken Sie von diesem Tee 2- bis 3-mal täglich 1 große Tasse, aber nicht mehr nach 16 Uhr.

▶ **Fuß- oder Vollbad**

Wenn Sie häufig kalte Füße haben, können Sie einen Teeaufguss nach obigem Rezept auch für ein Fußbad benutzen: Geben Sie 2 Tassen davon in eine mit warmem Wasser gefüllte Fußbadewanne. Für ein kreislaufanregendes Vollbad schütten Sie 1 Liter dieses Tees ohne weitere Zusätze in die Wanne.

Für kreislaufanregende Fussbäder ebenso wie für Vollbäder gilt: Wenden Sie diese Behandlungen nur bis spätestens 16 Uhr an, sonst laufen Sie Gefahr, am Abend schlecht einschlafen zu können.

Bulimie/Magersucht

Essstörungen wie die Ess-Brech-Sucht (Bulimie) und die Magersucht (Anorexia nervosa) nehmen epidemieartig zu. Mittlerweile breitet sich diese bislang typische Frauenkrankheit auch unter Männern aus. Da hierbei immer tief gehende seelische Störungen zugrunde liegen, ist eine fundierte psychologische Behandlung unerlässlich. Naturheilkundliche Maßnahmen können eine Therapie aber sehr wirkungsvoll unterstützen.

▶ **Teekur**

Eine Teekur mit Lavendel eignet sich hervorragend als unterstützende Begleitung einer psychologischen Therapie. Mischen Sie Lavendelblüten, Basilikum, Storchschnabel, Brennnessel, Rosenblüten und Sternanispulver zu gleichen Teilen, und bereiten Sie 4 Wochen lang täglich aus 3 Esslöffeln dieser Mischung 3/4 Liter Tee, den Sie über den Tag verteilt trinken. Allerdings sollten Sie die Kur unverzüglich abbrechen, sobald Sie eine Abneigung gegen den Tee entwickeln.

▶ **Aromamassage**

Heilsam sind regelmäßige Massagen des Sonnengeflechts (Solarplexus, siehe Seite 41) mit 2 Tropfen Lavendelöl und 2 Tropfen Basilikumöl, gelöst in 10 Milliliter Sesamöl. Massieren Sie die Ölmischung mit sanft kreisenden Bewegungen in die Haut ein, und schließen Sie dabei die Augen.

Eine balsamisch wirkende Duftmischung gegen düstere Gedanken besteht aus je 5 Tropfen Lavendel- und Rosenöl sowie je 1 Tropfen Kamillen- und Thymianöl. Sie lässt sich ebenso gut als Raumduft (in der Aromalampe) verwenden wie als Badezusatz (in 1/2 Becher Sahne oder etwas Honig emulgiert).

Depressive Verstimmung

Viele Menschen kennen die Niedergeschlagenheit nach Misserfolgen oder nach Verlusterlebnissen. Nach einer Trennung vom Partner, nach dem Tod eines nahen Angehörigen, aber auch nach einer Kündigung oder dem Konkurs der eigenen Firma stellen sich die typischen Depressionssymptome ein. Man fühlt sich antriebslos und ohne Mut, zieht sich zurück und ist nicht ansprechbar. Jeder Tag erscheint grau, und das Gefühl der Hoffnungslosigkeit überschattet das ganze Leben. Häufig leidet man in solchen Krisenzeiten auch unter einer unbestimmten Angst, unter Schlaf- und Appetitlosigkeit. Beachten Sie in solchen Fällen auch die Empfehlungen unter den entsprechenden Stichworten.

Als energiezuführendes Mittel leistet Lavendel bei Depressionen sehr gute Dienste, vor allem, wenn er noch von anderen Heilkräutern unterstützt wird.

▶ **Teekur**

Für eine Teekur mischen Sie Lavendelblüten mit Angelikawurzel, Estragon, Herzgespann, Johanniskraut, Schlüsselblumen und Thymian zu gleichen Teilen. Brühen Sie dann täglich 3 Esslöffel dieser Mischung mit 3/4 Liter heißem Wasser auf, und lassen Sie den Tee 10 Minuten ziehen. Trinken Sie diese Menge über den Tag verteilt. Ihre Teekur sollte 2-mal 4 Wochen dauern, mit 1 Woche Pause dazwischen.

▶ **Solarplexusmassage**

Massieren Sie regelmäßig die Region des Solarplexus (zwischen dem Rippenbogen und dem Nabel, siehe auch Seite 41). Das Massageöl dafür sollte auf 1 Teelöffel Mandelöl folgende ätherische Öle enthalten: je 1 Tropfen Lavendel, Pfefferminze, Thymian und Zitrone. Machen Sie bei der Massage mehrere Minuten lang kreisende Bewegungen im Uhrzeigersinn.

Dermatitis (Ekzeme)

Trockene, zu Allergien neigende Haut macht oft Probleme. Häufig beginnt sie an bestimmten Stellen zu jucken, wird schuppig und entwickelt Pusteln. Kratzen führt dazu, dass die Haut rissig wird, sich entzündet und nässt. Nicht selten sind Stress und innere Spannungen die Auslöser für diese Beschwerden.

▶ **Abtupfungen**

Betupfen Sie die betroffenen Hautpartien regelmäßig mit Lavendelhydrolat (siehe Seite 32f.). Bei nässenden Stellen sollten Sie dafür sterile Kompressen verwenden, die Sie auf die Wunde auflegen. Trockene, juckende Stellen können Sie auch mit etwas Kölnisch Wasser be-

Da Hautkrankheiten in vielen Fällen mit Verschlackungen im Darm zusammenhängen, sollten Sie eine Darmsanierung erwägen und reinigende Tees, z. B. aus Brennnessel und Kamille, trinken.

handeln, das ja Lavendelöl enthält. Sie sollten es allerdings vorher mindestens zur Hälfte verdünnen.

▶ **Ganzkörpermassage**

Wenn die Haut überall juckt und Sie unter innerer Spannung stehen, wirkt eine Ganzkörpermassage mit folgendem heilenden und zugleich entspannenden Körperöl wie Balsam für Haut und Seele: 5 Tropfen Jasminöl, 5 Tropfen Lavendelöl und 4 Tropfen Orangenöl, gelöst in 10 bis 20 Milliliter Weizenkeimöl.

Ein bewährtes Erkältungsmittel ist die Dampfinhalation: Geben Sie je 1 Tropfen Lavendel-, Teebaum-, Thymian- und Nelkenöl in eine Schüssel mit heißem Wasser. Atmen Sie die Dämpfe unter einem Tuch langsam ein.

Erkältung

Grippalen Infekten kann man sehr gut mit altbewährten Hausmitteln zu Leibe rücken. Vor allem ätherische Öle sind wegen ihrer desinfizierenden, antibakteriellen und schmerzstillenden Wirkung aus einer natürlichen Grippebehandlung nicht wegzudenken. Lavendelöl spielt dabei eine bedeutende Rolle.

▶ **Fußbad**

Warme Füße zu haben ist das A und O, wenn man eine Erkältung auskurieren will. Mit einem abendlichen Fußbad können Sie dafür sorgen. Mischen Sie dazu 10 Tropfen Lavendelöl, 5 Tropfen Pfefferminzöl und 5 Tropfen Geranienöl mit etwas pH-neutraler Waschlotion, und geben Sie die Mischung in eine kleine Fußbadewanne.

Für ein ansteigendes Fußbad beginnen Sie mit mäßig warmem Wasser und gießen dann alle paar Minuten etwas heißes Wasser dazu.

▶ **Erkältungsbad**

Ein klassisches Erkältungsbad sollte folgende Mischung ätherischer Öle enthalten: 4 Tropfen Lavendel, je 2 Tropfen Teebaum, Thymian und Zitrone sowie 1 Tropfen Eukalyptus, alles in etwas Honig verrührt und dem Badewasser zugesetzt.

▶ **Erkältungstee**

Einen äußerst wirkungsvollen Erkältungstee erhalten Sie, indem Sie zu gleichen Teilen Bohnenkraut, Lavendelblüten, Melisse, Oregano, Salbei und Spitzwegerich mischen und dem Ganzen noch je 1 Prise Ingwer- und Zimtpulver zufügen. Den Tee aufgießen, ziehen lassen, süßen, in eine Thermoskanne füllen und schluckweise trinken. Dieser Tee wirkt fieberanregend und stimuliert das Immunsystem. Sollten Sie bereits höheres Fieber haben, können Sie ihn auch kalt trinken.

Erschöpfung

Nervliches Ausgebranntsein ist geradezu ein klassisches Anwendungsgebiet von Lavendel, führt dieses Heilkraut doch Energie zu, ohne den Betroffenen aufzuregen. Wenn Sie viel geistig gearbeitet haben, psychisch belastet sind oder das Gefühl haben, Sie schaffen es nicht mehr, ist es Zeit für das »blaue Wunder«.

▶ **Vollbad**

Gönnen Sie sich ein entspannendes und zugleich regenerierendes Vollbad. Es sollte folgende Duftessenzen

Die eigenen Grenzen zu akzeptieren und öfter mal Nein zu sagen, ist sicher die beste Vorbeugung gegen Erschöpfung.

Ein ansteigendes Fußbad mit Lavendel- und Pfefferminzöl ist die natürliche erste Hilfe bei Erkältungskrankheiten.

enthalten: 4 Tropfen Lavendelöl, je 1 Tropfen Eukalyptusöl, Rosenöl (wahlweise Geranienöl), Rosmarinöl und Orangenöl, dazu 3 Esslöffel süßes Mandelöl.

▶ **Ätherische Ölmischung zur Soforthilfe**

Die gleiche Mischung gegen Erschöpfung können Sie tagsüber im Büro anwenden, wenn Sie mitten im Stress etwas Erholung brauchen. Mischen Sie die oben genannten ätherischen Öle in einem braunen Glasfläschchen und nehmen Sie sie zur Arbeit mit. Träufeln Sie bei Bedarf ein paar Tropfen auf ein Taschentuch, und atmen Sie den Duft tief ein. Wenn Sie sich noch mehr Gutes tun wollen, reiben Sie sich mit dem Öl die Schädelbasisknochen am Nacken sowie die Schläfen ein.

▶ **Energieliefernder Heiltee**

Ein wahrer »Energizer« unter den Heiltees besteht aus Lavendelblüten, Benediktenkraut, Brennnessel, grünem Hafer, Rosenblüten, Salbei, Tausendgüldenkraut und Ysop, jeweils zu gleichen Teilen gemischt. Die Wirkung dieses Tees ist ungemein aufmunternd. In Stresszeiten, in denen Sie alle Ihre Kräfte mobilisieren müssen, können Sie 3-mal täglich 1 große Tasse davon trinken. Länger als 6 Wochen hintereinander sollten Sie diesen Aufbautee allerdings nicht zu sich nehmen.

Das die Erschöpfung bekämpfende Vollbad macht hellwach und verleiht einem wieder reichlich Energie. Nehmen Sie es also nicht abends vor dem Zubettgehen.

Lavendel als Aufputscher

Ein ganz besonderes Duftpaar sind Rosmarin und Lavendel. Rosmarin hebt nämlich die beruhigende Wirkung des Lavendels auf, so dass nur die anregenden, energetisierenden Eigenschaften übrig bleiben. Erfahrene Masseure nutzen die Kombination dieser Aromaöle gern, wenn sie eine durchblutungsfördernde und anregende, dabei zugleich aufbauende und vitalisierende Wirkung erzielen wollen.

Erwartungsangst

Vor bestimmten Situationen hat jeder Angst. Ob es eine anstehende Prüfung ist, eine Gerichtsverhandlung, der Besuch der Schwiegermutter, die erste Rede vor einem Publikum oder ein Bühnenauftritt. Typisches Symptom der Erwartungsangst ist das Gefühl, einen Stein im Magen zu haben.

▶ **Aromamassage des Solarplexus**

Reiben Sie sich die Region des Solarplexus (siehe Seite 41) mit folgender Ölmischung ein: 3 Tropfen Lavendelöl und 1 Tropfen Basilikumöl auf 1 Esslöffel Jojobaöl. Massieren Sie die Haut zwischen Nabel und Brustbein mit leichten, kreisförmigen Bewegungen, und streichen Sie auch den Rippenbogen entlang.

▶ **Beruhigungstee**

Am Tag, an dem das angstvoll erwartete Ereignis eintritt, können Sie sich zusätzlich mit einem Tee wappnen. Mischen Sie Lavendel zu gleichen Teilen mit Betonienkraut, Ehrenpreis, Eisenkraut, Herzgespann, Salbei und Thymian. Brühen Sie am Morgen 2 Esslöffel davon mit 3/4 Liter Wasser auf, und lassen Sie das Ganze 10 Minuten ziehen. Trinken Sie die ersten Tassen dieses Tees zum Frühstück, den Rest nehmen Sie sich in einer Thermosflasche für den übrigen Tag mit.

Eine weitere Zone, in der sich Lampenfieber oder Erwartungsangst festsetzt, liegt zwischen den inneren Enden der Schlüsselbeine, unterhalb der Halsgrube. Behandeln Sie diese Stelle daher bei einer beruhigenden Lavendelmassage immer mit.

Fieber

Fieber ist eine natürliche Reaktion des Körpers zur Abwehr von schädlichen Erregern. Solange die Temperatur unter 39 °C bleibt, sollte man es auf keinen Fall unterdrücken. Wenn der Arzt die Ursachen geklärt und die notwendigen Maßnahmen ergriffen hat, kann man den Körper mit Lavendel zusätzlich dabei unterstützen, mit der Krankheit fertig zu werden.

▶ **Lauwarmes oder kühles Bad**

Bei hohem Fieber empfiehlt sich ein lauwarmes oder kühles Bad mit folgendem Zusatz von ätherischen Ölen: 5 Tropfen Lavendel, 2 Tropfen Eukalyptus und 3 Tropfen Pfefferminze, angerührt mit 1/2 Becher Sahne.

▶ **Abwaschungen**

Die gleiche Mischung ätherischer Öle (ohne Sahne) können Sie auch für Abwaschungen des Körpers benutzen, indem Sie etwas lauwarmes Wasser dazugießen.

▶ **Raumduft**

Bei Fieber muss die durch das Schwitzen verlorene Flüssigkeit ersetzt werden, sonst steigt die Körpertemperatur weiter an. Also: viel trinken!

Geben Sie 10 Tropfen Lavendelöl in eine Sprühflasche mit Wasser, und vernebeln Sie es im Krankenzimmer. Das desinfiziert nicht nur die Luft, sondern stimuliert auch die Selbstheilungskräfte des Körpers.

Furunkel

Furunkel sind entzündete Pickel, in denen sich Eiter bildet. Sie werden durch bestimmte Bakterien verursacht, meist Staphylokokken. Bei Schwäche des Immunsystems oder Stoffwechselstörungen dringen diese Erreger in die Haarbälge der Haut ein und rufen dort Entzündungen hervor.

▶ **Teilbäder und Umschläge**

Baden Sie die betroffene Hautpartie 2-mal täglich in einer Mischung aus 2 Tropfen Lavendelöl und 2 Tropfen Teebaumöl, die Sie in eine kleine Schale mit heißem Wasser geben. Sie können auch mehrmals täglich eine sterile Kompresse in dieses Heilwasser tauchen und auf die Furunkel auflegen.

▶ **Abtupfungen**

Kleinere Furunkel werden mit unverdünntem ätherischem Öl aus Lavendel und Teebaum direkt behandelt. Träufeln Sie je 2 Tropfen davon auf ein Wattestäbchen, und betupfen Sie die Pickel damit mehrmals am Tag.

▶ **Behandlung mit Heilöl**

Ist der Eiter bereits ausgetreten, behandeln Sie die Stelle mit einer Mischung aus 3 Tropfen Lavendelöl, 2 Tropfen ätherischem Öl des Roten Thymians und 2 Tropfen Teebaumöl, alles in 1 Teelöffel Mandelöl emulgiert.

▶ **Teekur**

Falls Sie häufiger Furunkel haben, sollten Sie mehrere Wochen lang täglich einen Tee für den Stoffwechsel trinken. Die Zutaten sind außer Lavendel noch Ehrenpreis, Galgantwurzelpulver, Ringelblume, Sanikel und Taubnessel.

Fußpilz

Wenn die Haut zwischen den Zehen zu jucken beginnt, aufreißt und sich abschält, haben Sie es vermutlich mit Fußpilz zu tun. Am schnellsten holt man sich eine derartige Infektion in öffentlichen Saunen und Schwimmbädern. Ein weiteres Übel sind Turnschuhe, in denen die Füße und Socken ständig feucht sind. Im Kampf gegen den hartnäckigen Pilz hat sich die heilende Kraft des Lavendels bewährt.

▶ **Ölmischung zum Einreiben**

Vermischen Sie 20 Tropfen Lavendelöl und 15 Tropfen Teebaumöl mit 40 Milliliter Mandelöl. Mit diesem Öl reiben Sie die befallenen Stellen zwischen den Zehen mehrmals täglich ein.

Halsschmerzen

Meist ist eine Erkältung im Anmarsch, wenn der Hals weh tut, aber auch überanstrengte Stimmbänder kommen als Ursache infrage.

▶ **Gurgellösung**

Bereiten Sie sich eine Gurgellösung mit folgenden ätherischen Ölen zu: 3 Tropfen Schopflavendel (Lavandula

Achten Sie bei Fußpilz darauf, Ihre Füße nach dem Waschen immer sorgfältig abzutrocknen. Tragen Sie nur Baumwollsocken und möglichst luftige Schuhe aus Leder. Laufen Sie viel barfuß!

stoechas), 1 Tropfen Eukalyptus und 1 Tropfen Zitrone auf 1/2 Glas Wasser. Gurgeln Sie mehrmals am Tag mit dieser Lösung.

Herzbeschwerden (funktionelle)

Nicht wenige Menschen leiden unter Herzjagen oder Herzschmerzen ohne organischen Befund. Die Medizin fasst solche funktionellen Beschwerden unter dem Begriff »Herzneurose« zusammen. Häufige Ursache sind seelische Verletzungen oder Kränkungen in Herzensangelegenheiten. Sprichwörtliches Beispiel ist das »gebrochene Herz«. Auch Demütigungen oder Kränkungen durch den Partner kommen infrage, außerdem schockartige Verlusterlebnisse wie eine plötzliche Kündigung oder der Tod eines nahe stehenden Menschen.

Bei starkem Herzklopfen oder Herzjagen helfen auch die homöopathischen Tropfen, die unter dem Stichwort »Minderwertigkeitsgefühle« (Seite 76) angegeben sind.

▶ **Teekur**

Machen Sie eine 4-wöchige Heilteekur mit einer Mischung aus folgenden Kräutern: Lavendelblüten, Betonienkraut, Weißdornblätter mit -blüten, Herzgespann und Storchschnabel, alles zu gleichen Teilen. Brühen Sie sich täglich mit 3 Esslöffeln der Mischung 3/4 Liter Tee auf, den Sie 10 Minuten ziehen lassen. Über den Tag verteilt trinken.

▶ **Ätherische Öle bei Liebeskummer**

Ein Aromarezept für Menschen mit Herzschmerz aus Liebeskummer: 1 Tropfen Rosenöl, 2 Tropfen Lavendelöl und 1 Tropfen Ylang-Ylang-Öl mit 10 Milliliter Jojobaöl verschütteln. Tragen Sie ein paar Tropfen dieses Seelenbalsams direkt im Bereich über dem schmerzenden Herz auf.

▶ **Salbe**

Aus der anthroposophischen Medizin kommt eine Salbe gegen vegetative Herz-Kreislauf-Störungen, Herzangst und Herzklopfen. Sie enthält homöopathisch aufbereitetes Gold, Lavendel- und Rosenöl. Ihr etwas umständlicher Name lautet »Aurum D5 / Oleum aetherum Lavandulae 0,3 % / Oleum aethereum Rosae 0,3 %«. Diese Salbe (von Weleda) wird großflächig auf die Herzgegend und zwischen den Rippen aufgetragen, eventuell auch auf den Angstpunkt unterhalb der Halsgrube (siehe Randspalte auf Seite 67) und auf das Sonnengeflecht über dem Magen (Solarplexus, siehe auch Seite 41).

Jetlag

Der durch Langstreckenflüge durcheinander geratene Schlaf-Wach-Rhythmus macht vielen Menschen tagelang Probleme. Die häufigsten Symptome sind ein dumpfes Gefühl im Kopf und permanente Müdigkeit, die mit gleichzeitigen Schlafstörungen einhergeht. Lavendel leistet auch in diesem Fall Hilfe, indem er die gereizten Nerven entspannt und dem Körper hilft, mit den Belastungen fertig zu werden.

▶ **Kräutertee**

Mischen Sie sich einen Kräutertee aus Lavendelblüten, Basilikum, Ehrenpreis, Eleutherokokkus, Hafer und Rosenblüten, alles zu gleichen Teilen. Bereiten Sie vor der Abreise aus 3 Esslöffeln der Kräutermischung 3/4 Liter Tee zu, lassen Sie ihn 10 Minuten ziehen, seihen Sie ihn dann ab, und füllen Sie ihn anschließend in eine Thermoskanne. Nehmen Sie den Tee mit ins Flugzeug, und trinken Sie während des Fluges in Abständen immer wieder 1 Tasse davon.

▶ **Schlaffördernder Raumduft**

Gehen Sie am Zielort erst zur lokalen Schlafenszeit zu Bett. Um besser einschlafen zu können, geben Sie 1 Stunde vorher 10 Tropfen Lavendelöl in eine Duftlampe, und aromatisieren Sie den Raum damit.

Nehmen Sie ein Aromafläschchen Lavendelöl mit ins Flugzeug, und riechen Sie gelegentlich daran.

Kopfschmerzen

Spannungskopfschmerzen treten fast immer in Situationen auf, die man »im Kopf nicht aushält«. Wenn Sie Ihre Leber und Ihre Nieren schonen wollen, verzichten Sie auf die üblichen Schmerzmittel und versuchen es stattdessen mit ätherischen Ölen.

▶ **Aromamassage**

Mischen Sie 2 Tropfen Lavendelöl und 3 Tropfen Geranienöl mit 10 Milliliter Jojobaöl, und massieren Sie damit Ihre Schläfen und Nackenmuskeln.

▶ **Kräuterbad**

Kaufen Sie sich in der Apotheke oder im Reformhaus einen Badezusatz aus entspannenden Kräutern wie Lavendel, Melisse oder Baldrian. Sie können auch 1 Hand voll Lavendelblüten mit etwas Wasser in einen Topf geben, aufkochen und den Sud ins Badewasser gießen.

So vielfältig wie die verschiedenen Kopfschmerzformen sind die möglichen Ursachen: Übermüdung, Stress, Wetterfühligkeit, niedriger oder hoher Blutdruck, Augenprobleme oder auch Muskelverspannungen oder Organerkrankungen.

Läuse

Läusealarm gehört in Schulen und Kindergärten fast schon zum Alltag. Typische Anzeichen eines Befalls mit den unsympathischen Quälgeistern sind Kopfjucken, Kopfhautentzündung und winzige weiße Eier (Nissen), die an den Haarwurzeln kleben. Fast alle herkömmlichen Entlausungsmittel enthalten giftige Pyrethroide, die nicht nur für die Läuse tödlich sind, sondern sich auch schädlich auf das menschliche Nervensystem auswirken. Als nicht minder wirksame, aber wesentlich bekömmlichere Alternative empfiehlt sich eine Behandlung mit ätherischen Ölen.

▶ **Haaröl**

Verrühren Sie je 10 Tropfen Lavendel- und Eukalyptusöl sowie 5 Tropfen Geranienöl mit 50 Milliliter Hanföl. Massieren Sie dieses Öl gut in Haare und Kopfhaut

Zur Verbreitung von Läusen genügt bereits ein kurzer körperlicher Kontakt. Auch durch Bürsten, Kämme oder Mützen können Läuse übertragen werden.

der befallenen Person ein. Stülpen Sie anschließend eine Plastikhaube über die Haare, und schlingen Sie ein Handtuch darum. Nach etwa 3 Stunden waschen Sie das Haar mit Shampoo aus und kämmen es dann mit einem speziellen engzinkigen Läusekamm durch, um die abgestorbenen Parasiten und Nissen zu entfernen.

Wiederholen Sie die Prozedur unbedingt 2 Wochen lang alle 2 bis 3 Tage, damit auch alle später noch ausschlüpfenden Läuse abgetötet werden.

Leberstörungen

Alkohol, Medikamente und Schadstoffe aus der Nahrung belasten das Entgiftungsorgan Leber tagtäglich. Auch viel Ärger schlägt bekanntlich auf die Leber. Hinzu kommt, dass viele Menschen unbemerkt eine Hepatitis B oder C durchgemacht haben, die fälschlicherweise für eine Grippe gehalten wurde. Bleibt diese Leberentzündung unbehandelt, kann sie chronisch werden und auf Dauer zu schweren Leberschäden führen.

Waschen Sie Bettwäsche und alle Kleider, die mit Läusen in Berührung gekommen sind, bei mindestens 60 °C.

Eine überlastete, geschwächte oder in ihren Funktionen gestörte Leber macht sich fatalerweise nicht durch Schmerzen bemerkbar. Die Patienten klagen eher über extreme Stimmungsschwankungen und seelische Überempfindlichkeit, zudem zeigen sie wenig körperliche Ausdauer und fühlen sich nach dem Essen todmüde. Vor allem bei letzteren Symptomen sollte man unbedingt beim Arzt eine Antikörperbestimmung machen lassen, um einer eventuell nicht ausgeheilten Leberentzündung auf die Spur zu kommen.

▶ **Teekur**

Während Ihrer Leberkur sollten Sie unbedingt auf den Konsum von Alkohol verzichten.

Zusätzlich zu den Medikamenten, die der Arzt verschreibt, hilft ein lavendelhaltiger Heiltee, kurmäßig getrunken, der Leber wieder auf die Beine. Lassen Sie sich in der Apotheke folgende Kräutermischung zusammenstellen: zu gleichen Teilen Lavendelblüten, Artischockenblätter, Goldrutenkraut, Löwenzahnwurzel, Mariendistelkraut und Odermennig. 3 gehäufte Esslöffel davon mit 3/4 Liter Wasser überbrühen und 10 bis 15 Minuten ziehen lassen. Dieses Quantum über den ganzen Tag verteilt trinken. Halten Sie die Kur auf jeden Fall 4 Wochen lang durch, legen Sie dann eine 1-wöchige Pause ein, und setzen Sie die Teekur danach noch einmal 4 Wochen lang fort.

Magenbeschwerden

Magenschmerzen, Sodbrennen, Völlegefühl, Reizmagen, Verdauungsstörungen, Gastritis – fast immer sind diese Beschwerden auf Störungen im vegetativen Nervensystem zurückzuführen. Lavendel wirkt in all diesen Fällen als hervorragendes Nervenberuhigungsmittel.

▶ **Massage**

Versuchen Sie es bei akuten Magenschmerzen mit einer Bauchmassage. Das Massageöl bereiten Sie sich aus je

3 Tropfen Lavendel- und Geranienöl, 5 Tropfen Basilikumöl und 2 Tropfen Ingweröl, die Sie mit 50 Milliliter Jojobaöl mischen. Massieren Sie damit die Magen- und Bauchregion mit sanften, kreisenden Bewegungen im Uhrzeigersinn.

Migräne

Lavendel ist eines der bewährtesten Mittel gegen Migräne. Man kann ihn bei akuten Anfällen ebenso gut anwenden wie zur Langzeitbehandlung.

▶ **Entspannendes Vollbad**

Lassen Sie bei einer Migräneattacke ein heißes Bad einlaufen, und geben Sie 15 bis 20 Tropfen Lavendelöl, mit 1/2 Becher Sahne vermischt, hinein. Legen Sie sich in die Wanne, und bleiben Sie etwa 20 Minuten lang still im heißen Wasser liegen. Danach hüllen Sie sich in ein großes Handtuch und legen sich im verdunkelten Schlafzimmer ins Bett. Wahrscheinlich werden Sie einschlafen, und beim Aufwachen geht es Ihnen dann sicher wesentlich besser.

▶ **Massage mit ätherischen Ölen**

Mischen Sie je 2 Tropfen Lavendel-, Geranien- und Pfefferminzöl mit 10 Milliliter Jojobaöl, und reiben Sie damit alle schmerzenden Punkte am Kopf ein, besonders den Schädelbasisknochen im Nacken, den Scheitelpunkt und die Schläfen.

▶ **Teekur**

Zur Langzeitbehandlung von Migräne sei ein spezielles Teerezept empfohlen: Rosmarin und Lavendelblüten zu gleichen Teilen mischen und daraus einen Tee aufbrühen. Mindestens 1 Monat lang sollten Sie täglich 1 Liter davon über den Tag verteilt (nur nicht spät abends!) trinken. Der Tee normalisiert die Blutversorgung des Gehirns.

Hilfreich ist bei Migräne auch die homöopathische Mischung, die Sie unter dem Stichwort »Minderwertigkeitsgefühle« (Seite 76) finden.

Minderwertigkeitsgefühle

Gehören Sie zu den Menschen, die es allen recht machen wollen? Gehen Sie Auseinandersetzungen aus dem Weg, weil Sie den Gedanken nicht aushalten, womöglich nicht mehr gemocht zu werden? Minderwertigkeitsgefühle sind besonders unter Frauen weit verbreitet. Dabei handelt es sich oft um besonders tüchtige Menschen, die dazu neigen, ihre Leistung unter den Scheffel zu stellen.

Die Basis für geringe Selbsteinschätzung wird oft in frühester Kindheit gelegt, wenn Eltern ihren Kindern das Gefühl vermitteln, als Mensch nur dann etwas wert zu sein, wenn sie den hohen an sie gestellten Anforderungen gerecht werden.

▶ **Homöopathische Zubereitung**
Lassen Sie sich vom Apotheker folgende homöopathische Mischung in Tropfenform zubereiten: Lavandula D6, Calendula D6, Rosa canina D3, Betonica D3 und Valeriana D6, alles zu gleichen Teilen. Nehmen Sie davon 2- bis 3-mal täglich 20 Tropfen in etwas Wasser ein – so lange, bis Sie sich besser und stärker fühlen.

Mundgeruch

Schlechter Atem kann verschiedene Ursachen haben: mangelnde Zahnhygiene, Karies oder auch eine akute oder chronische Mandelentzündung. Wenn man nach dem Essen von bestimmten Nahrungsmitteln Mundgeruch bekommt, können Magen-Darm-Probleme dahinter stecken. Gurgeln mit Lavendel vertreibt zwar nicht die Ursachen des schlechten Atems, wohl aber die Gerüche selbst.

▶ **Mundwasser**
Geben Sie 2 Tropfen Lavendelöl, 2 Tropfen Teebaumöl und 1 Tropfen Nelkenöl in 1 Glas warmes Wasser, und spülen Sie damit den Mund- und Rachenraum aus. Eine entsprechende Mischung ätherischer Öle können Sie sich auch ins Büro mitnehmen und den Tag über immer wieder anwenden.

▶ **Kräuteraufguss als Gurgellösung**

Wenn Ihnen ätherische Öle zu scharf sind, können Sie sich eine Gurgellösung auch aus Kräutern zubereiten. Nehmen Sie Lavendelblüten, Eichenrinde, Salbei, Tormentill und Storchschnabel zu gleichen Teilen. 1 Teelöffel der Mischung für 1 Tasse Tee genügt. Sobald der Aufguss etwas abgekühlt ist, gurgeln Sie damit und spülen den Mund gründlich aus.

Muskelverspannungen

Fast alle Menschen, die viel sitzen und sich zu wenig oder einseitig bewegen, bekommen früher oder später Muskelverspannungen im Schulterbereich oder andere Rückenprobleme. Als Ursachen machen die Fachleute neben chronischen Fehlhaltungen auch seelische Probleme verantwortlich. Sitzt einem die Angst im Nacken oder lastet auf den Schultern zu viel Verantwortung, reagiert der Körper mit einer Muskelverspannung. Lavendel hilft hier auf zweierlei Weise. Zum einen durch Unterstützung auf seelischer Ebene, zum anderen durch Entspannung der Muskulatur.

▶ **Massage mit ätherischen Ölen**

Mixen Sie sich ein Massageöl aus 5 Tropfen Lavendelöl, je 6 Tropfen Rosmarin- und Wacholderöl, 3 Tropfen Pfefferminzöl und 50 Milliliter Johanniskrautöl. Schütteln Sie alles in einer Flasche gut durch, und lassen Sie sich damit massieren.

▶ **Heiße Kompresse**

Bei schmerzhaften Schulter- und Nackenverspannungen lindert eine heiße Kompresse die Schmerzen. Geben Sie 2 Tropfen ätherisches Öl der Römischen Kamille, 2 Tropfen Majoranöl und 4 Tropfen Lavendelöl in 1/2 Liter heißes Wasser, tauchen Sie ein Baumwolltuch ein, wringen Sie es leicht aus, und legen Sie es auf.

Muskelschmerzen ganz anderer Art treten in Form von Muskelkater nach ungewohnter körperlicher Anstrengung auf. Hier ein Patentrezept gegen Muskelkater: 6 Tropfen Lavendelöl und 3 Tropfen Eukalyptusöl mit 1 Esslöffel Honig vermischen und als Badezusatz ins einlaufende Wasser geben.

Nagelbettentzündung

Diese äußerst schmerzhafte Entzündung entsteht meist im Zuge einer Maniküre, bei der die Nagelhaut entfernt wird. Es gibt ein gutes Rezept dagegen:

▶ **Heilöl**

Mixen Sie sich in einem dunklen Glasfläschchen 3 Tropfen Lavendelöl, 2 Tropfen Palmarosaöl, 1 Tropfen Patschuliöl und 20 Tropfen Jojobaöl, und verschütteln Sie das Ganze gründlich. Mit ein paar Tropfen davon reiben Sie täglich 4- bis 5-mal Ihr Nagelbett ein.

Die Mischung ist übrigens auch gegen pilzbefallene Nägel wirksam. Bringen Sie in diesem Fall zusätzlich ein wenig von dem Öl unter den Nagel.

Nervosität

Lernen Sie, sich zu entspannen, sei es durch Meditation oder autogenes Training, sei es durch eine Körpertherapie wie Reiki oder Shiatsu. Wichtig ist, dass Sie damit eine gelassenere Lebenseinstellung gewinnen und mehr Ruhe in Ihr Leben bringen.

Nervöse Menschen sind häufig seelisch unausgeglichen und entwickeln viele Ängste. Bei Reizüberflutung oder wenn viel Arbeit und wenig Ruhe den Alltag bestimmen, empfinden aber auch ansonsten ausgeglichene Menschen jede zusätzliche Belastung als Überforderung. Typische nervöse Symptome sind Schlaflosigkeit, Appetitmangel, Herzbeschwerden und Magen-Darm-Beschwerden. Bevor Sie in einem solchen Fall Beruhigungspillen schlucken, halten Sie sich lieber an die Heilkraft von Kräutern.

▶ **Teekur**

Bereiten Sie sich 4 Wochen lang jeden Morgen 3/4 Liter Heiltee zu, den Sie zur Arbeit mitnehmen und über den Tag verteilt trinken. Die Kräutermischung sollte neben Lavendelblüten noch Basilikum, Bitterklee, Brennnessel, Ehrenpreis, Nelkenwurz und Storchschnabel enthalten, alles zu gleichen Teilen. 3 Esslöffel dieser Mischung reichen für die Tagesdosis Tee.

▶ **Soforthilfe durch Lavendelduft**

Wenn Sie zwischendurch merken, dass Ihnen alles zu viel wird, geben Sie 3 Tropfen Lavendelöl auf ein Taschentuch, und atmen Sie den Duft tief ein.

Neurasthenie

Neurastheniker sind geradezu der klassische Fall für die Behandlung mit Lavendel. Kennzeichnend ist ihre geringe nervliche Belastbarkeit. Neurastheniker neigen im Konfliktfall dazu, sich zurückzuziehen, können Kritik schlecht wegstecken und haben »nah am Wasser gebaut«. Unter äußeren Einflüssen wie Wetterumschwung oder Vollmond leiden sie besonders stark.

▶ **Teekur**

Machen Sie eine 4-wöchige Heilteekur. Die Teemischung sollte folgende Kräuter zu gleichen Teilen enthalten: Lavendel, Angelikawurzel, Nelkenwurzel, Beifuß, Brennnessel, Dill, Majoran und Salbei. Bereiten Sie sich täglich aus 3 Esslöffeln davon 3/4 Liter Tee, den Sie über den Tag verteilt trinken.

Eine überaus wirkungsvolle Hilfe bei schlechtem nervlichem Befinden besteht darin, sich das Ohrläppchen mit Lavendelöl einzureiben. Dort sitzt nämlich ein Akupunkturpunkt gegen die Angst.

Ohrenschmerzen

Ohrenschmerzen entstehen meist durch Infektionen im Mittel- oder Außenohr. Säuglinge und Kleinkinder neigen besonders zu Mittelohrentzündung, weil ihre noch recht kurzen Ohrtrompeten bei Erkältungen leicht blockiert werden und dadurch die notwendige Belüftung der Ohrgänge verhindert wird.

▶ **Ohrentropfen**

Mischen Sie je 2 Tropfen ätherisches Öl von Lavendel, Geranie und Pfefferminze mit 6 Milliliter Mandelöl, und erwärmen Sie es in der warmen Hand oder in warmem Wasser. Träufeln Sie dieses Heilöl direkt in beide Ohren, auch wenn nur ein Ohr schmerzt.

> ## Grenzen der Selbstbehandlung
>
> Schleimig-eitriger Ausfluss aus dem Ohr oder eine verminderte Hörfähigkeit sind Alarmsignale, bei denen Sie unbedingt zum Arzt gehen sollten. Eine nicht ausreichend behandelte Mittelohrentzündung kann zu einer dauerhaften Gehörschädigung führen. Auch bei einer Blutung aus dem Ohr, insbesondere nach einem Schlag oder Sturz, ist sofort ein Arzt zu konsultieren: Es könnte sich um einen Schädelbasisbruch handeln.

Panikattacken

Angstanfälle tauchen ganz plötzlich auf. Die Betroffenen bekommen panikartige Angst, Herzrasen, Schweißausbruch, Erstickungs- oder Beklemmungsgefühle, Zittern, Schwindel und das Gefühl, gleich in Ohnmacht zu fallen.

Suchen Sie auf jeden Fall psychologische Hilfe, wenn Sie öfter panikartige Angstanfälle bekommen.

▶ **Soforthilfe aus dem Riechfläschchen**

Wenn Sie etwas Derartiges schon einmal erlebt haben, kaufen Sie sich ein Riechfläschchen, und füllen Sie es zu gleichen Teilen mit dem ätherischen Öl von Lavendel und Bergamotte. Dieses Fläschchen sollten Sie immer bei sich haben. Sobald Sie merken, dass Angst in Ihnen aufsteigt, nehmen Sie es zur Hand, und atmen Sie den Duft der Ölmischung tief ein. Meistens beruhigen sich die Nerven daraufhin schlagartig wieder, und die Panikattacke bleibt aus. Wenn der Angstanfall bereits ausgebrochen ist, kann diese Mischung sein Ausmaß lindern.

Scheidenausfluss

Es gibt zwei mögliche Ursachen für Vaginalfluss: eine Pilzinfektion der Scheide oder eine bakterielle Fehlbesiedelung mit anaeroben Bakterien. In beiden Fällen können Sie eine sanfte Behandlung mit Lavendelöl versuchen, das gleichermaßen antibakteriell wie fungizid (pilztötend) wirkt.

▶ **Tamponbehandlung**

Träufeln Sie 5 bis 10 Tropfen Lavendelöl pur auf einen Tampon, den Sie in die Scheide einführen und über Nacht darin lassen. Wiederholen Sie die Behandlung 6- bis 7-mal nacheinander.

▶ **Waschungen**

Eine andere Möglichkeit besteht darin, 1 Tasse warmem Wasser 30 Tropfen Lavendelöl zuzusetzen und damit die Schamlippen zu waschen. Auch Scheidenspülungen können damit durchgeführt werden.

▶ **Vaginalspülung**

Speziell wirksam gegen Scheidenpilze: 2 Tropfen Lavendelöl und 2 Tropfen Teebaumöl mit 1/2 Liter Rosenwasser mischen.

▶ **Einreibung**

Bei juckendem Ausfluss und entzündeter Scheide können Sie je 2 Tropfen Teebaum- und Lavendelöl mischen und damit die Schamlippen einreiben.

Schlaflosigkeit

Lavendel ist eine exzellente Einschlafhilfe für Menschen mit überanstrengten Nerven, die geistig arbeiten, stets angespannt sind und denen es schwer fällt, abends abzuschalten. Ebenso gut wirkt das Kraut aber auch bei Personen, die sich tagsüber geistig unterfordert fühlen und deswegen nachts lange wach liegen.

▶ **Schlaftee**

Brühen Sie sich einen Lavendeltee auf, indem Sie 1 Teelöffel Blüten mit 1 Liter kochendem Wasser übergießen und 10 Minuten ziehen lassen. Trinken Sie ca. 1/2 Stunde vor dem Zubettgehen 1 Tasse davon.

Nach erfolgreicher Bekämpfung einer Scheideninfektion sollten Sie die gesunde Scheidenflora mit Milchsäurezäpfchen wieder aufbauen. Wenn sich Ihre Beschwerden durch Lavendelölanwendungen nicht bessern, sollten Sie unbedingt Ihren Frauenarzt aufsuchen.

Lavendeltee stärkt das »Nervenkostüm«, lindert nervöse Symptome wie Appetitmangel oder Herzbeschwerden und hilft beim Einschlafen.

Wenn Ihnen der etwas herbe Lavendeltee pur nicht schmeckt, können Sie sich auch einen Schlaftee aus mehreren Kräutern bereiten, z. B. eine Mischung aus 30 Gramm Lavendelblüten, 20 Gramm Melissenblättern und 20 Gramm Baldrianwurzeln.

▶ **Einreibung der Schläfen**

Reiben Sie sich, wenn Sie im Bett liegen, 1 Tropfen Lavendelöl auf die Schläfen.

▶ **Lavendelkissen**

Legen Sie sich ein Lavendelkissen neben das Kopfkissen, und atmen Sie den entspannenden Duft ein.

Schlaffördernd wirkt auch ein Lavendelbad: 6 Tropfen Lavendelöl mit etwas Honig oder Sahne vermischen und ins warme Badewasser geben.

Schlaganfall (Nachsorge)

Selbstverständlich muss bei einem Schlaganfall sofort ein Arzt gerufen werden. Im Krankenhaus bekommt der Patient dann in der Regel blutverdünnende Mittel, und wenn die akute Notsituation überstanden ist, werden unverzüglich Rehabilitationsmaßnahmen eingeleitet. Für die Nachsorge eines Schlaganfalls jedoch gilt Lavendel unter vielen Naturheilkundlern als Mittel Nummer eins.

▶ Lavendelbad

Nehmen Sie täglich ein Lavendelbad: etwas Flüssigseife mit 10 Milliliter Lavendelöl mischen und ins einlaufende Wasser geben.

▶ Einreibung

Falls Vollbäder nicht durchführbar sind, hilft auch eine Einreibung mit einer Mischung aus Lavendelöl und etwas Jojoba- oder Mandelöl. Massieren Sie damit 2-mal täglich die betroffenen Glieder, außerdem die Schädelbasis und den gesamten Nacken.

▶ Teekur

Bereiten Sie eine Mischung aus Betonienkraut, Johanniskraut, Melisse, Nelkenwurz, Rosenblüte, Salbei und Schafgarbe, alles zu gleichen Teilen, und 5 Teilen Lavendelblüten. Die Tagesdosis beträgt 1,5 Liter, aufgebrüht mit 4 bis 5 Esslöffeln der Teemischung. Diese Kur sollte der Patient mindestens 1 Jahr lang durchhalten.

Schnupfen

Lavendel lindert die Schnupfenbeschwerden, an der Dauer der Erkrankung vermag er jedoch nichts zu ändern.

Bei leichten Erkältungen, bei denen man sich körperlich noch relativ gut fühlt, stört wohl am meisten die verstopfte Nase. Mit Lavendelöl lässt sich wirkungsvoll gegen dieses Übel angehen.

▶ Inhalation

Je 2 Tropfen Lavendel- und Cajeputöl in einen Topf mit heißem Wasser geben und den Dampf unter einem Tuch inhalieren.

▶ Aromatherapie

Wenn Sie eine sofortige Wirkung erzielen wollen, geben Sie einige Tropfen Lavendelöl auf ein Taschentuch, und atmen Sie den Duft mehrmals tief ein.

▶ Lavendelkissen

Damit die Nase auch nachts frei bleibt, können Sie sich ein Lavendelkissen aufs Kopfkissen legen.

Ein guter Start ins Leben

Für naturheilkundlich beschlagene Hebammen gehört Lavendel seit Jahrhunderten zu den wichtigsten Geburtshelfern aus der Natur. Für Mutter und Baby ist das ätherische Öl ein unschätzbarer Begleiter in allen Phasen vor, während und nach der Entbindung.

Naturheilkundlich arbeitende Hebammen empfehlen, ausschließlich das qualitativ hochwertigste, aus Wildsammlungen stammende Lavendelöl »Lavendel extra« zu verwenden. Für die Duftlampe, z. B. zum Aufhellen der Stimmung, genügt dagegen auch die Qualität »Lavendel fein«.

Nabelschmerzen gegen Ende der Schwangerschaft

Zwischen der 28. und 36. Schwangerschaftswoche, wenn die Gebärmutter besonders starke Wachstumsschübe durchmacht, bekommen viele Frauen Nabelschmerzen.

● Feuchten Sie ein sauberes Baumwolltuch mit lauwarmem Wasser an, geben Sie 2 Tropfen Lavendelöl darauf, und legen Sie es mit der aromatisierten Stelle auf den Nabelbereich auf.

Juckreiz in der Schwangerschaft

Manche Schwangere leiden vor allem nachts unter zum Teil sehr lästigem Hautjucken. Zur schnellen Linderung des Juckreizes können Sie sich ein spezielles Hautöl herstellen.

● Verschütteln Sie 5 Tropfen Lavendelöl und 1 Tropfen Melissenöl in 10 Milliliter Aloe-vera-Öl. Feuchten Sie die juckenden Hautstellen etwas an, und tragen Sie ein paar Tropfen der Ölmischung auf.

Wehen

Ein Lavendelbad gilt als eines der bewährtesten Mittel für Frauen, die kurz vor der Geburt stehen, um herauszufinden, ob es sich bei wehenartigen Schmerzen um Vorwehen oder bereits um Geburtswehen handelt: Vorwehen verschwinden wieder, wenn man sich im warmen Bad so richtig entspannt, echte Wehen hingegen bleiben.

Erweist es sich, dass es mit der Niederkunft ernst wird, hilft die Wirkung des Lavendelöls der werdenden Mutter, ihre Energie zu sammeln und sich ganz auf die bevorstehende Geburtsarbeit zu konzentrieren. Auch aufgeregte Väter können mit Hilfe des Lavendeldufts ruhiger werden und die nervliche Anspannung besser durchstehen.

● Vermischen Sie 10 bis 15 Tropfen Lavendelöl mit etwas Sahne, und geben Sie das Ganze ins einlaufende Badewasser.

Hilfe im Wochenbett

Zu den häufigsten Wochenbettbeschwerden zählen die Nachwirkungen eines Dammschnitts oder -risses. Zur Linderung der Schmerzen und schnelleren Abheilung von Dammwunden empfehlen Hebammen Sitzbäder mit Lavendel.

● Verreiben Sie für ein Sitzbad 5 bis 7 Tropfen Lavendelöl mit etwas Salz aus dem Toten Meer, und geben Sie es

Lavendelöl erleichtert Mutter und Kind die schwersten Wochen.

in eine mit warmem Wasser gefüllte Sitzbadewanne.

● Eine Alternative sind Wundauflagen: Träufeln Sie 2 Tropfen Lavendelöl pur auf ein feuchtes Mulltuch, das Sie auf den Dammbereich auflegen. Wiederholen Sie diese Prozedur mehrmals täglich, bis die Beschwerden abgeklungen sind.

Schmerzende Brustwarzen beim Stillen

Viele frisch gebackene Mütter klagen beim Stillen über gereizte, schmerzende Brustwarzen, insbesondere, wenn es sich um ihr erstes Kind handelt.

● Ein alter Hebammentrick besteht darin, einige Minuten vor dem Anlegen des Babys 1 Tropfen Lavendelöl auf die Brustwarze zu träufeln. Die schmerzstillende und entzündungshemmende Wirkung des Lavendels sorgt dafür, dass die Mutter die Zweisamkeit des Stillens als ungetrübtes Glück erleben kann.

Hautpflege beim Neugeborenen

Die zarte Haut von Neugeborenen wird im Windelbereich sehr schnell wund.

● Waschen Sie bei jedem Wechseln der Windel die wunden Hautstellen mit Lavendelhydrolat ab.

Erste Hilfe mit Lavendel

Aromatherapeuten schwören darauf: Lavendelöl ist die wichtigste ätherische Essenz in jedem Notfallset. Wegen seiner stark schmerzlindernden, beruhigenden und antiseptischen Wirkung gehört ein Fläschchen hochwertiges Lavendelöl nicht nur in die Hausapotheke, sondern auch in jeden Reisekoffer oder Rucksack sowie in den Erste-Hilfe-Kasten im Auto.

Die wichtigsten Anwendungsbeispiele seien im Folgenden vorgestellt.

Bisse von Gifttieren

Provenzalische Hirten kennen eine alte Methode, Schafe oder Hunde zu behandeln, die von einer Schlange gebissen wurden: Sie reiben frische zerdrückte Lavendelblüten und -blätter in die Bisswunde ein.

Nach einem Biss von hochgiftigen Tieren, etwa Giftschlangen, manchen Meerestieren oder exotischen Spinnen, ist sofortige medizinische Hilfe unerlässlich. Doch manchmal vergehen wertvolle Minuten oder gar Stunden, bis ein Arzt oder ein Krankenhaus erreicht ist. In dieser angespannten Wartezeit kann das Lavendelöl seine blutreinigende, entgiftende Wirkung entfalten und die Nerven beruhigen.

▶ Reiben Sie einige Tropfen unverdünntes Lavendelöl direkt in die Bissstelle ein.

Blaues Auge

Es muss nicht immer die Folge einer Schlägerei sein, auch bei Stürzen trägt man zuweilen ein blaues Auge davon. Lavendelöl lässt das Veilchen rasch wieder verblühen.

▶ Mischen Sie je 1 Tropfen Lavendel- und Kamillenöl mit 1 Teelöffel Rosenwasser, und geben Sie 1 Teelöffel Eiswasser dazu. Tränken Sie mit dieser Mischung ein sauberes Baumwolltuch, das Sie dann auf das geschlossene Auge auflegen.

Insektenstiche und -bisse

Schmerzen und Juckreiz werden schnell gelindert, und die entstehende Schwellung hält sich in Grenzen, wenn Sie bei einem Insektenstich oder -biss sofort zu Lavendelöl greifen.

▶ Träufeln Sie 1 Tropfen Lavendelöl pur auf die Einstichstelle, und lassen Sie es in die Haut einziehen. Wiederholen Sie die Prozedur noch mehrmals im Abstand von einigen Minuten.

Bei Bienenstichen verbleiben oft Stachel und Giftblase des Tiers in der Haut. Sie müssen sehr vorsichtig entfernt werden.

Vorsicht, Allergie!

Wer auf Bienen- oder Wespengift allergisch reagiert, sollte nach einem Stich dieser Tiere unbedingt einen Arzt aufsuchen. Eine heftige allergische Reaktion, die manchmal erst mit Verzögerung einsetzt, kann bis zum lebensgefährlichen allergischen Schock führen. Dagegen ist ätherisches Öl machtlos.

Schock, seelischer

Nach einem Unfall oder einer Schreckensnachricht geraten viele Menschen in einen psychischen Schockzustand. Sie beginnen wirr zu reden, schreien oder weinen und sind nicht ansprechbar.

▶ Ein paar tiefe Atemzüge aus einem unter die Nase gehaltenen Fläschchen mit ätherischem Lavendelöl macht die Betroffenen sofort ruhiger und lässt sie wieder zu sich kommen.

Sonnenbrand

Vor allem in Urlaub und Freizeit kommt es immer wieder vor, dass man die Kraft der Sonne unterschätzt und einen Sonnenbrand davonträgt. Dann braucht die Haut vor allem Kühlung. Soforthilfe bietet ein Spray mit der beruhigenden Kraft von Lavendel.

Bei großflächigen und hochgradigen Verbrennungen reichen Hausmittel nicht mehr aus. Die Behandlung einer derartigen Verletzung gehört unbedingt in die Hand eines Arztes.

▶ Füllen Sie etwas kühles, abgekochtes Wasser oder Mineralwasser in einen Zerstäuber, verschütteln Sie einige Tropfen Lavendelöl darin, und besprühen Sie damit mehrmals die geröteten Hautpartien.

Verbrennungen

Lavendelöl ist ein ausgezeichnetes Hausmittel bei leichteren bis mittleren Verbrennungen oder Verbrühungen aller Art. Der Grund ist seine dreifache Wirkung: Es lindert fast augenblicklich die Schmerzen, es verhindert Komplikationen wie Entzündungen und Blasenbildung, und es sorgt für einen schnellen Heilungsprozess ohne starke Narbenbildung.

▶ Träufeln Sie, je nach Größe des verbrannten Hautareals, mehrere Tropfen Lavendelöl pur auf die verletzte Stelle, und zwar 4- bis 5-mal am Tag. Über Nacht binden Sie die Wunde locker mit Gaze ein.

▶ Blasen, die durch Verbrennungen und Verbrühungen entstanden sind, sollten Sie auf keinen Fall aufstechen. Geben Sie stattdessen 1 Tropfen Lavendelöl unverdünnt direkt auf die Blase, und reiben Sie es vorsichtig ein, oder lassen Sie es einfach einziehen. Anschließend können Sie etwa 10 Minuten lang Eis auf die Blase drücken. Decken Sie die Brandwunde danach mit einer trockenen Kompresse ab, und verbinden Sie sie locker. Wiederholen Sie die ganze Prozedur noch mehrmals.

Wunden

Die desinfizierende Wirkung des Lavendelöls macht es zu einem hervorragenden Mittel, offene Wunden zu versorgen. Dass sein Geruch ganz nebenbei die aufgeregten Nerven beruhigt, macht es doppelt wertvoll.

▶ Reinigung frischer Wunden

Zur Reinigung frischer Wunden kann man schnell ein spezielles Wundöl mixen, das mit steriler Gaze vorsichtig aufgetupft wird: 15 Tropfen Lavendelöl, 9 Tropfen Rosengeranienöl, 1 Tropfen Teebaumöl und 1 Tropfen Schafgarbenöl, alles zusammen mit 10 Milliliter Jojobaöl verschüttelt.

▶ Platzwunden

Platzwunden und tiefere, klaffende Schnittwunden müssen meist vom Arzt genäht werden. Zur Erstversorgung und Nachbehandlung jedoch leistet Lavendelöl wertvolle Dienste.

Träufeln Sie sofort einige Tropfen Lavendelöl auf die Wunde, decken Sie sie mit steriler Gaze ab, und suchen Sie einen Arzt oder die Notambulanz im Krankenhaus auf. Tropfen Sie dann auf die genähte Wunde noch etwa 1 Woche lang täglich 4-mal jeweils 5 Tropfen Lavendelöl auf. Das beugt einer Entzündung vor und sorgt für eine schnellere Heilung.

▶ Hautabschürfungen

Hautabschürfungen können besser heilen, wenn sie zunächst mit Lavendelwasser gereinigt werden. Versetzen Sie zu diesem Zweck 1 Tasse warmes Wasser mit 5 Tropfen Lavendelöl, tränken Sie ein sauberes Tuch damit, und säubern Sie die verletzte Stelle vorsichtig. Geben Sie danach noch 1 Tropfen Lavendelöl pur auf die Wunde, bevor Sie diese der Heilung überlassen.

▶ Kratzer

Bei Kratzern geht es in erster Linie um die desinfizierende Wirkung des Lavendels, die einer Entzündung vorbeugt. Träufeln Sie je 1 Tropfen Lavendelöl und Teebaumöl direkt auf die Schramme. Wiederholen Sie diese Behandlung nach Bedarf noch mehrmals, abhängig von der Größe der Wunde bzw. dem Heilungsverlauf.

Da bei jeder Verletzung die Gefahr einer Tetanusinfektion besteht, sollten Sie stets über den entsprechenden Impfschutz verfügen. Lassen Sie sich notfalls nach der Verletzung eine Tetanusspritze geben.

Lavendelkosmetik

Lavendelöl ist seit Jahrhunderten ein begehrter Bestand-
teil der Gesichts- und Körperpflege, desgleichen Laven-
delwasser. Wegen ihrer hochwertigen, hautfreundlichen
Inhaltsstoffe benutzt die Naturkosmetik diese Schön-
heitsmittel gern für Haut und Haare. Auch als Parfüm ist
der blaue Duft wieder ausgesprochen modern.

Öl und Wasser für die Schönheit

Für kosmetische Zwecke sind vor allem zwei Zubereitungen des Lavendels interessant: das ätherische Öl und
das Hydrolat.

▶ Ätherisches Lavendelöl (siehe Seite 31) enthält für
den Teint wichtige antiseptische, entzündungshemmende, beruhigende und zellerneuernde Substanzen. Es eignet sich zur Pflege sensibler Haut ebenso wie für trockene, fettige, großporige, unreine oder normale Haut. Weil
Lavendelöl die Zellteilungaktivität ankurbelt und damit die Regeneration des Gewebes fördert, kann es
reife Haut frischer und jünger aussehen lassen. Ekzeme
heilen unter seiner Einwirkung schneller ab.

▶ Lavendelhydrolat (siehe Seite 32) enthält neben einer geringen Restmenge ätherischen Öls die gesamten
wirksamen wasserlöslichen Bestandteile des Lavendels.
Man benutzt es wie ein Gesichtswasser – zum Reinigen
und Erfrischen. Bei Hautentzündungen und bei Sonnenbrand kommt vor allem der kühlende Effekt des La-
vendelhydrolats zum Tragen. Viele Anhänger der
Naturkosmetik benutzen es als Basis für Rasierwässer,
Haarspülungen oder Gesichtsmasken.

Lavendelöl ist so hautfreundlich, dass man es auf kleinere Hautpartien sogar unverdünnt auftragen darf – vorausgesetzt, es liegt keine spezielle Lavendelallergie vor.

Ein schönes Gesicht durch Lavendel

Gesichtspeeling

Winzige abgestorbene Hautschüppchen lösen sich ständig von der Hautoberfläche, bedingt durch den kontinuierlichen Erneuerungsprozess, dem jede Haut unterliegt. Tatsächlich stecken wir etwa alle vier Wochen in einer komplett neuen Haut.

Neben der täglichen Reinigung tut ein wöchentliches Peeling jeder Gesichtshaut gut. Bei dieser sanften Massage werden verhornte, abgestorbene Hautzellen entfernt und die Durchblutung des Gewebes angeregt. Der Teint verliert seinen »Grauschleier« und wirkt wieder frischer und glatter.

▶ Rühren Sie 1 Esslöffel Haferkleie mit 1 Tropfen Lavendelöl in einem Schälchen an, und geben Sie so viele Tropfen Lavendelhydrolat hinzu, bis eine cremige Paste entsteht.

▶ Feuchten Sie Gesicht, Hals und Dekolletee mit etwas Wasser an, und massieren Sie die Peelingpaste mit sanften, kreisenden Bewegungen ein.

▶ Lassen Sie die Paste einige Minuten einwirken, und waschen Sie sie dann mit warmem Wasser sorgfältig ab.

▶ Zur Beruhigung und Klärung der Haut können Sie danach noch einen Wattebausch mit etwas Lavendelhydrolat tränken und das Gesicht damit erfrischen.

Gesichtswasser

▶ Normale Haut ebenso wie Mischhaut und unreine Haut kann man morgens und abends mit etwas Lavendelhydrolat behandeln, das man auf einen Wattebausch träufelt. Das ist nicht nur eine besonders sanfte Art der Reinigung, es bleibt auch jedesmal eine feine Schicht heilender ätherischer Öle zurück, die die Haut vor Bakterien schützt.

▶ Für die so genannte Problemhaut, ob jung oder alt, ist eine Mischung aus Apfelessig und Lavendelöl das Gesichtswasser der Wahl. Einfach etwas Apfelessig auf einen Wattebausch geben, 1 Tropfen Lavendelöl darauf träufeln und das Gesicht damit bestreichen. Das Lavendelöl wirkt reinigend und antiseptisch, während der Apfelessig adstringierend wirkt und zugleich viele wertvolle Nährstoffe in die Haut schleust.

▶ Sehr fettige, großporige Haut verträgt ein Gesichtswasser, das etwas Alkohol enthält. Dadurch werden die Poren zusammengezogen. Mischen Sie 50 Milliliter Lavendelhydrolat mit 2 bis 4 Tropfen Lavendelöl und etwa 10 Tropfen Weingeist. Dieses erfrischende Gesichtswasser eignet sich auch gut als Rasierwasser.

Gesichtskompresse

Wenn die Haut gereizt und gerötet ist, hilft eine beruhigende Lavendelkompresse. Geben Sie 5 bis 7 Tropfen Lavendelöl in ein Schälchen mit warmem Wasser. Tränken Sie ein sauberes Tuch damit, wringen Sie es aus, und legen Sie es aufs Gesicht.

Nach einem Sonnenbad können Sie ein Taschentuch mit Lavendelhydrolat tränken und aufs Gesicht legen. Das kühlt und beruhigt die Haut.

Bei einem (leichten) Sonnenbrand ist eine Lavendelkompresse nicht nur eine kühlende Wohltat, sie fördert auch den Heilungsprozess der malträtierten Haut – im Gesicht ebenso wie an allen anderen Körperstellen.

Die Wirkstoffe des Lavendels reinigen, beruhigen und regenerieren die Haut. Lavendel dient folglich in der Naturkosmetik als Basis für Gesichtswässer und Gesichtsmasken.

Behandlung von Pickeln

Wenn ein Pickel bereits einen »Kopf« hat, können Sie ihn vorsichtig mit einem in Lavendelöl getauchten Wattestäbchen betupfen. Das desinfiziert die betroffene Hautstelle und fördert das Abheilen. Ausdrücken sollten Sie Pickel möglichst nicht, denn bei unsachgemäßem Vorgehen kann sich die Haut dadurch erst recht entzünden und womöglich eine Narbe zurückbleiben. Wenden Sie sich lieber an eine Kosmetikerin, um Hautunreinheiten sachkundig bekämpfen zu lassen. Nach einer solchen Behandlung können Sie jedoch die betreffenden Hautpartien mit Lavendelöl betupfen, um die Heilung sanft zu unterstützen.

Mit selbst gemachter Feuchtigkeitscreme sparen Sie nicht nur eine Menge Geld, Sie gehen auch sicher, dass Ihrer Haut kein Schaden durch synthetische Duft- und Konservierungsstoffe zugefügt wird.

Feuchtigkeitszufuhr für die Haut

Herkömmliche Feuchtigkeitscremes enthalten neben Hautnährstoffen eine Menge chemischer Substanzen, die nur dazu da sind, wässrige und ölige Komponenten miteinander zu vermischen, der Creme ihre Konsistenz zu geben und sie zu konservieren. Derlei Substanzen können Sie sich sparen, wenn Sie Wasser und Öl direkt vor dem Auftragen frisch in der Handfläche mischen.

Eine Feuchtigkeitsbehandlung, die sich für jeden Hauttyp eignet, ist eine Kombination aus Jojoba- oder Mandelöl mit Lavendelhydrolat, deren Mischungsverhältnis Sie selbst bestimmen können. Damit führen Sie Ihrer Haut gerade so viel Fett und Feuchtigkeit zu, wie diese tatsächlich braucht, und zusätzlich schleusen Sie die zellerneuernden Lavendelsubstanzen in die Poren ein. So gehen Sie vor:

▶ Reinigen Sie Ihr Gesicht gründlich, und stellen Sie das Jojoba- oder Mandelöl sowie das Lavendelhydrolat in geöffneten Flaschen bereit.

▶ Legen Sie die Handfläche auf die Öffnung der Öl-flasche, und drehen Sie sie kurz um, so dass sich ein kleiner Ölkreis auf der Handfläche sammelt. Auf diesen Klecks träufeln Sie nun einige Tropfen Lavendelhydro-lat. Wie viel wässrige und wie viel fette Anteile Ihrer Haut gut tun, probieren Sie am besten selbst aus.

▶ Vermischen Sie Öl und Hydrolat mit den Finger-spitzen gründlich. Tragen Sie die entstandene Emulsion dann auf das Gesicht auf, und massieren Sie sie mit sanften, kreisenden Bewegungen ein. Eventuell über-schüssiges Öl lässt sich zuletzt bequem mit einem Kos-metiktuch aufsaugen.

Natürlich eignet sich eine Feuch-tigkeitsbehand-lung mit Laven-delhydrolat und Öl nicht nur für das Gesicht, sondern auch für andere Kör-perpartien.

GESICHTSPFLEGE MIT VARIATIONEN

Wenn Sie Ihre Haut zusätzlich verwöhnen wollen, kön-nen Sie einer Feuchtigkeitsbehandlung mit Jojoba- oder Mandelöl mit Lavendelhydrolat (siehe oben) noch einen Tropfen eines hautpflegenden ätherischen Öls hinzufügen, das zu Ihrem Hauttyp passt.
Folgende Öle eignen sich jeweils für einen bestimmten Hauttyp:
- Lavendel (für jeden Hauttyp)
- Immortelle (für unreine Haut)
- Römische Kamille (für fettige und unreine Haut sowie bei Akne)
- Blaue Kamille (für trockene, gereizte Haut)
- Ylang-Ylang (für sensible, eher fettige Haut)
- Neroli (für trockene Haut)
- Weihrauch (für reifere Haut)
- Rose (für jeden Hauttyp)
- Palmarosa (für besonders empfindliche Haut)
- Myrrhe (für Haut, die zu Fältchenbildung neigt)
- Orange (für schlaffe Haut)

Pflege für Hände und Füße

Raue Hände glätten

Rissige Hände werden wieder glatt und weich, wenn man sie mit einer Mischung aus 1 Teelöffel Weizenkeimöl und 3 Tropfen Lavendelöl einreibt. Massieren Sie das Öl morgens und abends gründlich in die Haut ein.

Nach Haus- oder Gartenarbeit fühlen sich die Hände oft rau und rissig an. Ein aromatisches Handbad hilft der Haut, sich wieder zu regenerieren. Sie brauchen dazu 3 Tropfen Lavendelöl, 2 Tropfen Bergamotteöl, 1 Tropfen Vetiveröl und 2 bis 3 Teelöffel Jojobaöl.

▶ Vermischen Sie das zähflüssige Vetiveröl zuerst mit den dünnflüssigen übrigen Essenzen und dann die ätherischen Öle mit 1 Teelöffel Jojobaöl. Füllen Sie warmes Wasser in eine Schüssel, und geben Sie die Ölmischung hinein.

▶ Setzen Sie sich bequem hin, stellen Sie die Schüssel auf Ihren Schoß, und baden Sie Ihre Hände etwa 20 Minuten in diesem heilenden Duftwasser.

▶ Danach tupfen Sie die Hände vorsichtig trocken, um nicht alle Wirkstoffe gleich wieder zu entfernen, und reiben Sie sie mit dem übrig gebliebenen Jojobaöl ein. Überschüssiges Öl können Sie mit einem Kosmetiktuch entfernen.

Nagelpflegebad

Trockene, spröde, leicht splitternde Fingernägel sind oft ein Zeichen dafür, dass dem Körper Mineralstoffe oder Spurenelemente fehlen. Diese sollten Sie – nach einer Haar- oder Blutanalyse durch den Arzt – gezielt in Form von Tabletten zuführen. Bis der Körperhaushalt wieder im Gleichgewicht ist, verhilft folgendes tägliche Pflegebad zu schönen und stabilen Fingernägeln:

▶ Geben Sie 3 Tropfen Lavendelöl, 2 Tropfen Niaouliöl und den Inhalt 1 Kapsel Vitamin-E-Öl in ein Schälchen, und rühren Sie 1/2 Teelöffel Flüssigseife darunter.

▶ Gießen Sie etwas warmes Wasser darauf, rühren Sie nochmals um, und tauchen Sie dann die Fingerspitzen hinein. Die Badezeit sollte etwa 20 Minuten betragen.

▶ Danach die Fingerspitzen mit Wasser abspülen, abtrocknen und Hände wie Nägel mit Jojobaöl gut durchmassieren.

Aufmunterung für müde Füße

Wenn die Füße nach langem Gehen oder Stehen schmerzen, hilft ein Fußbad nach folgendem Rezept:

▶ Geben Sie 4 Tropfen Lavendelöl, 3 Tropfen Rosengeranienöl, 1 Tropfen Ylang-Ylang-Öl sowie 1 Esslöffel Jojobaöl in eine große Schüssel oder eine Fußbadewanne, und gießen Sie so viel warmes Wasser dazu, dass es 5 bis 10 Zentimeter hoch steht.

▶ Baden Sie Ihre Füße 10 Minuten lang. Danach können Sie mit einer Pediküre beginnen: Die Hornhaut mit einem Bimsstein abrubbeln, Nägel schneiden usw.

▶ Zum Schluss bekommen die Füße eine Massage mit etwas Jojobaöl, dem Sie nach Belieben 1 oder 2 Tropfen der oben genannten Essenzen zufügen können.

Wer ein Fläschchen Lavendelöl in die Reisetasche steckt, kann sich auch im Hotel ein Lavendelfußbad gönnen. Nach einem anstrengenden Tag macht es die Füße wieder fit für den Abend.

Eine Emulsion aus Mandelöl und Lavendelhydrolat reinigt nicht nur Ihr Gesicht, sondern erfrischt auch geschwollene Finger und Hände.

Haarpflege mit Lavendel

Lavendelshampoo

Mischen Sie je 10 bis 12 Tropfen Lavendelöl und Myrtenöl unter 250 Milliliter unparfümiertes Shampoo, indem Sie die ätherischen Öle in die Shampooflasche träufeln und die Flasche danach mehrfach auf den Kopf stellen, um die Essenzen gut darin zu verteilen.

Nach einer Haarwäsche mit diesem Shampoo wird Ihr Haar einen wunderbaren Duft haben. Es ist für alle Haartypen geeignet.

Ölkur für trockene Haare

Wer sprödes und splissiges Haar hat, kann sein Haar mit Ölkuren vor dem Austrocknen schützen. Man sollte sie allerdings regelmäßig anwenden, am besten einmal pro Woche.

Sie brauchen dafür jeweils 5 Tropfen Lavendel-, Geranien- und Sandelholzöl, 15 Tropfen Linaloeholzöl und 50 Milliliter Jojobaöl.

▶ Verschütteln Sie in einem Fläschchen die ätherischen Öle und das Jojobaöl gründlich miteinander. Massieren Sie die Mischung mindestens 2 Stunden vor der Haarwäsche in die Haare ein. Bei längerem Haar tragen Sie das Haaröl mit einem damit getränkten Wattebausch Strähne um Strähne auf.

▶ Setzen Sie eine Plastikduschhaube auf, über die Sie noch ein Handtuch wickeln, um die Wirkung der Öle durch Wärme zu intensivieren.

▶ Wichtig ist, dass Sie Ihre Haare nach dem Einwirken des Öls mit nicht zu heißem Wasser und einem milden, rückfettenden Shampoo waschen, das die Haare nicht zu stark austrocknet.

Am Strand oder im Schwimmbad können Sie die Ölkur für trockene Haare auch tagsüber auftragen. Nehmen Sie einfach ein Fläschchen davon in der Badetasche mit. Es sieht apart aus, das ölige Haar zu Zöpfen zu flechten oder mit breiten Schmuckkämmen festzustecken.

Lavendel als Parfüm – voll im Trend

Noch vor nicht allzu langer Zeit war Lavendel der Duft feiner, ältlicher Damen, die sich gerne darüber beklagen, dass das Leben an ihnen vorbeigerauscht sei. Mit seinem Geruch verband man etwas Altmodisches und Moralisierendes. Um der Wahrheit die Ehre zu geben: Dieses Image hat sich zum Teil bis heute gehalten. Doch inzwischen ist etwas Neues hinzugekommen. Lavendel wird von der Parfümindustrie wiederentdeckt.

Die einfachste Art, Lavendel als Parfüm zu benutzen, ist, sich ein paar Tropfen des unverdünnten ätherischen Öls der Pflanze auf die Handgelenke oder hinter die Ohren zu tupfen.

Das neue Image

Die Parfümeure der großen Hersteller schwören geradezu auf Lavendel als die typisch coole Note der neunziger Jahre. Sie berufen sich dabei auf eine Eigenschaft des Lavendels, die in der Pflanzenheilkunde seit Jahrhunderten genutzt wird: Der spritzige Duft stärkt das Selbstbewusstsein und verhilft zu mehr Tatkraft.
Das kommt auch in der Werbung zum Ausdruck, mit der die neuen Lavendelwässer verkauft werden. Das Individuelle wird stark betont, die Models geben sich frei und natürlich, dabei aber ein wenig unantastbar, das Ambiente ist kühl, frisch und klar. Das ist das neue Image von Lavendel.

PARFÜMS MIT LAVENDELDUFTNOTE

- »Catalyst for men« von Halston
- »ck be« von Calvin Klein
- »English Lavender« von Yardley
- »Eternity for men« von Calvin Klein
- »Fahrenheit« von Dior
- »Héritage« von Guerlain
- »Hermès« von Hermès
- »Obsession for men« von Calvin Klein
- »Quasar« von Jesus del Pozo
- »Sport Spirit« von Escada
- »Tsar« von Van Cleef & Arpels
- »Very M.C.« von MCM

Kölnisch Wasser selbst gemacht

Erfunden vor fast 300 Jahren in der Glockengasse 4711 zu Köln, war das Kölnisch Wasser ursprünglich als Desinfektionsmittel gedacht.

Eau de Cologne, Kölnisch Wasser, ist wohl das berühmteste und erfolgreichste Erfrischungswasser aller Zeiten. Die genaue Rezeptur von »4711« ist bis heute streng geheim. Man weiß nur, dass es sich um eine Mischung aus Zitrusdüften mit Lavendel handelt.

Natürlich haben seitdem unzählige Parfümeure versucht, ihre Duftwässer jenem aus Köln anzunähern. Da es heutzutage die Aromaingredienzen fast überall zu kaufen gibt, kann sich eigentlich jeder sein Eau de Cologne selbst zusammenmischen, z. B. nach folgendem Rezept:

▶ Man nehme 11 Gramm Bergamotteöl, 5 Gramm Zitronenöl, 3 Gramm Petitgrainöl, 2 Gramm Lavendelöl, je 1 Gramm Orangenöl, Neroliöl und Rosmarinöl, je 1/2 Gramm Eisenkrautöl und Geranienöl sowie 1 Liter 90-prozentigen Äthylalkohol.

Alle Essenzen werden in einer braunen Glasflasche mit dem Alkohol verschüttelt und etwa 1/2 Jahr lang kühl gelagert. Dann ist das Duftwasser gebrauchsfertig.

Herber Männerduft – auch für Frauen

Lavendel eignet sich sehr gut als Duftnote in herben, männlichen Mischungen, die inzwischen übrigens auch von vielen Frauen bevorzugt werden. Hier ein Rezept für ein Parfüm auf der Basis von Jojobaöl, also ohne Alkohol:

▶ Je 3 Tropfen Zedernöl, Petitgrainöl und Eichenmoosöl, je 2 Tropfen Lavendelöl und Myrtenöl sowie je 1 Tropfen Zirbelkieferöl, Rosenöl und Eisenkrautöl mit 8 Milliliter Jojobaöl gut verschütteln.

▶ Das Ganze in einer dunklen Flasche mindestens 3 Wochen ziehen lassen.

Duftwasser aus Lavendelblüten

Es muss nicht immer das ätherische Öl des Lavendels sein. Sie können sich auch aus den frischen Blüten ein Duftwasser herstellen. Es geht ganz einfach:

▶ 400 Gramm frische Lavendelblüten in einem Kochtopf mit 600 Milliliter stillem Mineralwasser übergießen und unter ständigem Rühren langsam zum Kochen bringen.

▶ Den Ansatz 10 bis 15 Minuten zugedeckt leicht kochen lassen, dann zum Abkühlen vom Herd nehmen.

▶ Die Blüten absieben und das erkaltete Lavendelwasser zum Konservieren mit 150 Milliliter Gin vermischen. Zuletzt das Ganze in eine hübsche Flasche umfüllen – fertig.

Lavendelseife

Zwar ist Lavendelseife heute in fast jeder Drogerie erhältlich, doch selbst hergestellt ist sie immer noch etwas ganz Besonderes.

▶ Sie brauchen dazu 15 Lavendelstängel mit Blütenständen, 70 Milliliter Wasser sowie 100 Gramm unparfümierte Seife.

▶ Legen Sie die Lavendelstängel in einen Topf, und übergießen Sie sie mit dem kochenden Wasser. Zugedeckt etwa 40 Minuten ziehen lassen und dann die Blüten abseihen.

▶ Nun wird die Seife mit einem Küchenhobel in das Lavendelwasser gerieben. Dabei sollte man das Ganze ständig gut umrühren.

▶ Zuletzt formt man die Seifenmischung zu Kugeln, Quadraten, Herzen o. Ä. Breiten Sie Ihre Seifenkreationen auf einem Teller oder einer Platte aus, um sie durchhärten zu lassen.

Man kann selbst gemachte Lavendelseife auch zu kleinen Figürchen formen oder in eine andere ungewöhnliche Form bringen. Das macht sie zu einem besonders reizvollen Geschenk.

Lavendel in Haushalt und Küche

Lavendel ist so vielseitig zu verwenden wie kaum ein anderes Kraut. Nicht nur als bewährtes Heilmittel, auch in Haushalt und Wohnung ist die blaue Blume mit dem reinigenden, klaren Aroma von unschätzbarem Wert. Es gibt wohl nichts Einladenderes als ein nach Lavendel duftendes Haus. Dass Lavendel auch in Kochrezepten auftaucht, ist in Deutschland vergleichsweise neu, anders als in Frankreich oder Italien, wo die Aromaküche eine lange Tradition hat. Dabei lassen sich mit Lavendel die delikatesten Gerichte zaubern.

Der saubere Duft

Unsere Großmütter wussten die Kraft des Lavendels nicht nur zur Körperpflege und als Heilmittel zu nutzen. Der »blaue Duft« mit seiner antibakteriellen Wirkung war ihnen auch ein willkommener vorbeugender Schutz gegen Krankheitserreger. Und nicht nur das: Sie verwendeten den Lavendel genauso als mottenvertreibenden Wäscheduft und schmückten die gute Stube mit allerlei Pomandern und Potpourris, deren Aroma gleichzeitig die Luft desinfizierte.

Geben Sie zur Desinfektion der Raumluft 3 Tropfen Lavendelöl, 3 Tropfen Eukalyptusöl und 2 Tropfen Pfefferminzöl in eine Duftlampe.

Lavendel statt chemischer Keule

Was unsere Ahnen aus Erfahrung wussten, ist heute wissenschaftlich erwiesen. Lavendelöl gilt unter Fachleuten unbestritten als ein natürliches keimtötendes Mittel: eine sanfte, aber höchst wirkungsvolle Waffe gegen Bakterien, Viren und Pilze. Auch Insekten, Ungeziefer und Parasiten lassen sich damit fernhalten. Mit Lavendel als Bakterienkiller und Insektenvertreiber spart man sich also eine Menge Chemie, von der Holzschutzlasur über Desinfektionsmittel bis hin zu Mottenkugeln und Mückensprays. Vor allem in Haushalten mit kleinen Kindern oder gesundheitlich weniger robusten Menschen, deren Immunsystem chemische Attacken nicht verträgt, ist der Einsatz dieses Saubermachers aus der Natur nur zu empfehlen.

Um die Toilette zu desinfizieren, eignet sich bestens ein selbst gemischtes Putzmittel aus 100 Milliliter Alkohol, 200 Milliliter destilliertem Wasser, 10 Milliliter Lavendelöl und 5 Milliliter Thymianöl.

Nicht nur sauber, sondern rein

Zum Reinigen von Böden, Fliesen, Waschbecken und Schränken, insbesondere in Küche und Sanitärräumen, ist Lavendelöl bestens geeignet. Es tötet schädliche Keime und verbreitet dabei auch noch einen wunderbar frischen Duft im ganzen Raum.

Für die Putzarbeit benötigen Sie nicht das teure ätherische Öl des Echten Lavendels. Hier tut es auch eine wesentlich preiswertere Lavandinessenz. Die Inhaltsstoffe dieses Hybridlavendels (siehe Seite 21 f.) besitzen zwar nicht die große Heilkraft des Echten Lavendels, haben aber die gleiche stark keimtötende Wirkung und ein sehr angenehmes, blumig-würziges Aroma.

▶ Geben Sie, je nach Größe Ihres Putzeimers, 5 bis 10 Tropfen Lavandinöl ins Putzwasser, zusätzlich zu einem sanften Flüssigreiniger. Damit bringen Sie natürliche Frische in Bad und Küche. Auch in Krankenzimmern wird der Duft als wohltuend empfunden. Nicht zuletzt können Sie die Toilette damit säubern.

▶ Wenn Sie Ihre Küchenschränke und Regale, in denen Sie Lebensmittel aufbewahren, mit Lavendelputzwasser reinigen, sorgen Sie damit gleichzeitig für einen wirksamen Schutz gegen Lebensmittelmotten.

Geschirrspülen mit Lavendel

▶ Sie haben Essen gekocht, und nun hängt in der Küche ein hartnäckiger Dunst von Speisen, den es rasch wieder loszuwerden gilt. Lüften allein reicht da oft nicht aus. Geben Sie zusätzlich zum Geschirrspülmittel einfach ein paar Tropfen Lavandinöl ins Abwaschwasser. Das garantiert nicht nur hygienisch einwandfreies Geschirr, sondern bringt zudem einen angenehmen Frischeduft in die Küche.

▶ Sogar in den Geschirrspüler können Sie Lavendelduft schicken, indem Sie einfach ein paar Tropfen des ätherischen Öls auf das bereits eingefüllte Reinigungsmittel träufeln.

▶ Beim Reinigen von Schneidebrettern aus Holz, auf denen Sie rohes Fleisch zerkleinert haben, sorgt Lavandinöl für zusätzlichen Schutz vor Salmonellen und anderen Krankheitserregern. Geben Sie 1 bis 2 Tropfen davon auf das Schneidebrett, und scheuern Sie die Oberfläche gründlich ab.

Duft auf Dauer

Vor allem für Toilette und Bad lohnt sich die Anschaffung von Duftsteinen aus Keramik zur Kaltverdunstung ätherischer Öle. Die unglasierten Duftsteine, die es in unzähligen Designs zu kaufen gibt, sind porös und nehmen die Öle gut auf. Man legt sie auf glasierte und daher undurchlässige Keramikuntersetzer. Ein paar Tropfen Lavandinöl auf den Stein aufgetropft, und der Duft verbreitet sich im ganzen Raum – tagelang.

Kleine Duftkrüglein oder Duftfläschchen erfüllen den gleichen Zweck, haben aber glasierte Böden. Füllen Sie hin und wieder ein paar Tropfen Lavandinöl hinein, um eine Quelle frischen Dufts im Raum zu haben.

Suchen Sie anlässlich einer Einladung noch ein nettes und dabei nützliches Mitbringsel? Ein Duftstein zusammen mit einem Fläschchen Lavendelöl ist ein kleines Geschenk, über das sich der Gastgeber oder das Geburtstagskind bestimmt freut.

Lavendel als Wäscheduft

Bettwäsche, Handtücher und Dessous atmen Frische und Duftigkeit, wenn bei der Wäschepflege Lavendel zugegeben wird. Das zarte Aroma, das Haut und Seele streichelt, lässt sich auf verschiedene Weise an die Textilien bringen.

► Lösen Sie 5 bis 7 Tropfen Lavandinöl in 2 Esslöffeln Essig auf, und geben Sie diese Mischung in den letzten Spülgang der Waschmaschine. Der Essig sorgt dafür, dass der Duft gleichsam im Stoff versiegelt wird. Auch nach dem Trocknen und bei der Aufbewahrung im Wäscheschrank bleibt das Lavendelaroma erhalten. Und auch noch, wenn Sie Ihr Bett mit dieser Wäsche beziehen, ist der feine Duft an Betttüchern und Kopfkissen wahrnehmbar.

► Wer seine Wäsche gerne stärkt, kann auch in die Wäschestärke Lavendelduft zaubern. Bereiten Sie dazu folgende Mischung zu: 100 Gramm Maisstärke, 1/2 Teelöffel Borax, 1/2 Teelöffel Stearinsäure und 15 bis 20 Tropfen Lavandinöl. Das Ganze mit einem Löffel zerdrücken und gut verrühren. 3 Esslöffel dieser Lavendelstärke in den letzten Spülgang geben.

► Auch im Wäschetrockner können Sie Ihre Wäsche mit Lavendel beduften. Tränken Sie dazu ein Taschentuch mit Lavendelöl, und legen Sie es einfach mit in die Trommel.

► Zu guter Letzt kann der Lavendelduft auch über das Dampfbügeleisen seinen Weg in die Wäsche finden. Geben Sie 2 bis 3 Tropfen Lavendelöl in das destillierte Wasser, das Sie in das Bügeleisen füllen.

Übrigens: Keine Angst vor Flecken! Lavendelöl und alle anderen ätherischen Öle enthalten kein Fett, sie hinterlassen daher auf Gewebe keine Flecken.

Nicht nur Lavendel pur macht sich gut als Wäscheduft. Versuchen Sie es doch einmal mit einer Mischung aus Lavendel- und Zedernöl, oder kombinieren Sie Lavendel mit Patschuli oder Sandelholz.

Lavendel im Schrank – nie mehr Motten

Es gibt verschiedene Methoden, Lavendelfrische in den Kleiderschrank oder ins Ankleidezimmer zu bringen.

▶ Man kann einfach Lavendelsträußchen zwischen die frisch gewaschene Wäsche legen, wie es schon die Hausfrauen im alten Rom machten.

▶ Man kann ein paar Blätter Papier mit Lavendelöl beträufeln und zwischen die Wollpullover und T-Shirts ins Schrankfach legen.

▶ Auch Wattebäusche eignen sich als »Träger« von Duftsubstanzen. Einfach mit ein paar Tropfen Lavendelöl tränken, in ein Stofftaschentuch wickeln und an verschiedenen Stellen im Schrank deponieren.

▶ Wer eine Ader fürs Nostalgische hat, wird sich nach Art unserer Großmütter ein paar Lavendelsäckchen in den Schrank legen. Solche Säckchen gibt es fertig zu kaufen, sie sind aber auch leicht selbst herzustellen.

Während chemische Mottenschutzmittel erhebliche Gifte enthalten, ist Lavendelduft vollkommen unschädlich.

Lavendel – die natürliche Waffe gegen Kleider- und Lebensmittelmotten.

Ein mit Lavendel gefülltes Duftbeutelchen ist ein nettes kleines Mitbringsel für viele Gelegenheiten und auch ohne Nähen schnell gemacht. Nehmen Sie ein hübsches Spitzentaschentuch aus Seide oder Baumwolle, füllen Sie es mit einer Hand voll Lavendelblüten, und binden Sie die vier Ecken mit einem zarten Band aus Tüll oder Satin zusammen.

LAVENDELSÄCKCHEN SELBST GEMACHT

Um ein Lavendelsäckchen herzustellen, brauchen Sie keine besondere Fingerfertigkeit. Alles, was Sie dazu benötigen, ist ein Stück Leinen oder Baumwolle, Nadel und Faden und natürlich Lavendelblüten und -öl. Ein »klassisches« Säckchen ist länglich, 20 bis 25 Zentimeter lang und etwa 5 Zentimeter breit.

● Schneiden Sie den Stoff auf eine Länge von 50 Zentimeter und eine Breite von 5 Zentimeter. Falten Sie ihn zur Hälfte, die rechte Stoffseite innenliegend, und nähen Sie die Längskanten zusammen. Damit die offene Stoffkante nicht ausfranst, können Sie sie einsäumen, mit der Zickzackschere beschneiden oder mit Stickgarn umstechen. Zuletzt wenden Sie das Säckchen auf rechts.

● FÜLLUNG MIT LAVENDELPUDER

Geben Sie 100 bis 150 Gramm Maisstärke auf einen tiefen Teller. Mischen Sie etwa 8 Gramm Iriswurzelmehl darunter, und träufeln Sie 15 Tropfen Lavandinöl sowie 10 Tropfen Zirbelkiefernöl darüber. Verreiben Sie die ätherischen Öle mit den Fingern gut im Stärkemehl. Füllen Sie den duftenden Puder in das Stoffsäckchen, und verschließen Sie es mit einer adretten Schleife.

● FÜLLUNG MIT LAVENDELBLÜTEN

Schütten Sie 1 große Hand voll frischer oder getrockneter Lavendelblüten in einen Teller, und aromatisieren Sie diese zusätzlich mit einigen Tropfen Lavandinöl. Dann füllen Sie sie in das Säckchen, das Sie mit einem hübschen Band oder einer Schmuckkordel zubinden.

● Hin und wieder sollten Sie das Aroma des Lavendelsäckchens reaktivieren, indem Sie die Blüten in dem geschlossenen Säckchen zwischen den Fingern reiben. Ebenso gut können Sie in Abständen immer wieder ein paar Tropfen frischen Lavandinöls dazugeben.

Lavendelkissen

Lavendelduft im Schlafzimmer entspannt, erleichtert das Einschlafen und schenkt erholsamen Schlaf. Was Wunder, dass Lavendelkissen als Bettausstattung beliebt sind, sei es als kleines Duftkissen, das man neben oder aufs Kopfkissen legt, oder als größeres Kissen, das direkt als Kopfkissen Verwendung findet. Lavendelkissen gibt es heute in allen erdenklichen Variationen zu kaufen, groß oder klein, mit Lavendel pur oder in Kombination mit anderen Duftkräutern. Sie werden in Reformhäusern, Drogerien und Bioläden, in Geschenkshops und Kaufhäusern, ja sogar im Versandhandel angeboten.

Lavendelduft ist reiner Nervenbalsam. Vor allem in hektischen Zeiten erweist sich ein Lavendelkissen als unschätzbarer Helfer, um im Schlaf seine Nervenstärke wieder zu erlangen.

▶ Auch Selbermachen ist nicht schwer: Füllen Sie einen fertig gekauften oder selbst genähten Kissenbezug der gewünschten Größe mit frischen oder getrockneten Lavendelblüten, die Sie vorher durch einige Tropfen Lavendelöl zusätzlich aromatisiert haben. Damit die Blüten nicht herausfallen können, sollten Sie den Bezug zunähen oder mit einem Reißverschluss schließen.

▶ Durch Drücken oder Reiben der Blütenfüllung lässt sich der Duft erstaunlich lange immer wieder beleben. Natürlich können Sie auch einfach in Abständen ein paar Tropfen Lavendelöl auf das Kissen tropfen.

▶ Blütengefüllte Kissen, die als Kopfkissen dienen sollen, werden weicher, wenn die Füllung in einem separaten Inlay aus einem dickeren, etwas polsternden Stoff steckt. Noch weicher wird das Kissen, wenn Sie statt der Blüten Füllwatte verwenden, die Sie mit Lavendelöl beträufeln. Dabei ist Baumwollwatte zwar die natürlichere Variante, verklumpt aber leicht. Formstabiler ist eine spezielle Füllwatte aus Kunstfaser, die in Bastel- und Handarbeitsgeschäften erhältlich ist.

Duftender Raumschmuck

Potpourris und Duftkugeln sind nicht nur ein sehr dekorativer Zimmerschmuck, ihr Duft vermag auch die Atmosphäre des ganzen Raums zu beeinflussen. Wenn die Komposition ihrer verschiedenen duftenden Bestandteile gelungen ist, wird das Aroma leise wahrnehmbar, aber keinesfalls aufdringlich sein.

Lavendelpotpourris

Potpourris bestehen aus verschiedenen Zutaten: getrockneten Kräutern, Blüten, Schalen von Zitrusfrüchten, Gewürzen und ätherischen Ölen sowie einem Fixativ für deren Haltbarmachung, z. B. Iriswurzelmehl, Benzoeharz, Vetiver, Storax oder Eichenmoos.

Im Folgenden finden Sie zwei bewährte Rezepte für Potpourris, in denen Lavendel mit seinem charakteristischen Duft die Hauptrolle spielt.

Potpourri violet

Zutaten

200 g Lavendelblüten · 50 g Hagebuttenblüten
20 g Wildrosenblüten · 20 g Kornblumen, alle getrocknet
40 g Zimtstangen · 20 g Nelken · 15 g Zimtpulver
40 g Iriswurzelmehl · 30 Tropfen Lavandinöl

1 Die Blüten und Gewürze vorsichtig vermischen. Das ätherische Öl darauf tropfen lassen und alles noch einmal ein wenig durchmischen.

2 Das Potpourri in einen luftdicht verschließbaren Behälter füllen und verschlossen 2 bis 3 Wochen lang durchziehen lassen.

In dieser Zeit den Behälter gelegentlich vorsichtig schütteln, damit sich alle Aromen gut miteinander mischen und gleichmäßig verteilen.

3 Zuletzt das Potpourri in eine dekorative, farblich zu den Blüten passende Schale füllen und im Raum aufstellen.

Potpourri soleil

Zutaten

1 Tasse Lavendelblüten und -samen • 1 Tasse süß duftende getrocknete Blätter (z. B. Lorbeer, Zitronenstrauch, Ysop, Ananassalbei, Melisse, Zitronenthymian) • 1/2 Tasse getrocknete Kamillenblüten • 1/2 Tasse getrocknete Veilchen- oder Stiefmütterchenblüten • 1 TL getrocknete Orangenschalenstreifen • 25 g Iriswurzelpulver • 1/2 TL geriebene Muskatnuss 1/2 TL zerstoßene Nelken • 3 Tropfen Lavandinöl 2 Tropfen Rosenpelargonienöl • 30 Tropfen Lavandinöl

Alles vorsichtig miteinander vermischen und fest verschlossen 2 bis 3 Wochen durchziehen lassen. Dann in einer Schale im Zimmer aufstellen.

Pomander machen sich gut als Fensterdekoration. Auch unter einem nostalgischen Lampenschirm hängend sehen sie sehr hübsch aus.

Lavendelpomander

Pomander sind Duftkugeln aus Früchten und Gewürzen, die getrocknet und mit ätherischen Ölen und Gewürzen haltbar gemacht werden. Als Basis verwendet man Orangen, Grapefruits, Zitronen oder Äpfel, die jeweils mit Gewürznelken gespickt werden.

Duftkugeln mit Lavendelblüten oder Lavandinöl sorgen einerseits für eine entspannte Atmosphäre und vertreiben andererseits Insekten, Ameisen und anderes Ungeziefer.

Pomander pomme lavandin

Zutaten

200–250 Gewürznelken • 40 Tropfen Lavandinöl
1 großer Apfel • 50 g Zimtpulver • 20 g gemahlene Nelken
4 g gemahlene Muskatnuss • 20 g Iriswurzelmehl

Um die Duftkugel im Zimmer aufzuhängen, befestigt man am besten ein hübsches Band am Apfelstiel.

1 Die Nelken mit dem Lavandinöl beträufeln und etwa 3 Tage lang ziehen lassen.

2 Den Apfel rundum gleichmäßig dicht mit den Nelken spicken. Diese sollten sich aber nicht berühren.

3 Die Gewürze und das Iriswurzelmehl in einer kleinen Schüssel gut vermengen. Den gespickten Apfel hineinlegen und mit der Gewürzmischung bestreuen. Damit beginnt die Phase der Konservierung, die bis zu 1 Monat dauern kann. In dieser Zeit den Pomander gelegentlich wenden.

4 Fertig ist das gute Stück, wenn es sich ganz hart anfühlt und so weit zusammengeschrumpft ist, dass die Zwischenräume zwischen den Nelken verschwunden sind.

Blütenpomander

Eine besonders dekorative Duftkugelvariante besteht aus Lavendelblüten. Um sie herzustellen, brauchen Sie etwa 40 Zentimeter Blumendraht, eine Kugel aus Trockensteckmasse, etwa 50 Zentimeter Geschenkband sowie getrocknete Lavendelblütenstände mit Stängel.

Den Draht zu einer Schlaufe biegen, durch die Mitte der Steckkugel schieben und auf der Unterseite umbiegen. Das Band durch diese Schlaufe ziehen. Die Lavendelstängel auf 2 bis 3 Zentimeter Länge kürzen. Die Steckkugel rundum mit den Lavendelköpfen bestecken und am Band aufhängen.

Insektenabwehr mit Lavendel

Lavendel wird von alters her als wirksames natürliches Insektenschutzmittel genutzt. Nicht nur Motten, auch Stechmücken, Zecken, Ameisen, Holzwürmer und anderes Ungeziefer suchen bei diesem Duft schnell das Weite.

Anti-Mücken-Raumduft

Wenn Sie in lauen Sommernächten von Stechmücken im Schlafzimmer verschont bleiben wollen, stellen Sie zur Zeit der Dämmerung eine Aromalampe mit folgenden Zutaten auf: 6 Tropfen Lavendelöl, 4 Tropfen Lemongrasöl.

Vor diesem für unser Empfinden äußerst angenehmen Duft nehmen selbst die hungrigsten Mücken Reißaus. Und ein erfreulicher Nebeneffekt dieser Aromatisierung der Schlafzimmerluft ist die entspannende und schlaffördernde Wirkung des Lavendels.

Lavendelduft stellt auch einen ausgezeichneten Schutz gegen Motten dar. Entsprechende Rezepte finden Sie in diesem Kapitel auf Seite 107f.

Gemeinsam sind sie stärker

Wenn man Lavendelöl mit anderen insektenabwehrenden Essenzen mischt, verstärkt sich die erwünschte abschreckende Wirkung oft noch. Folgende Aromen eignen sich im Kampf gegen Parasiten, Blutsauger und andere Schädlinge als Unterstützung des Lavendeldufts:

- Eukalyptusöl
- Geranienöl
- Lemongrasöl
- Nelkenöl
- Pfefferminzöl
- Teebaumöl
- Vetiveröl (gegen Motten)
- Zedernöl
- Zirbelkiefernöl
- Zitronellgrasöl
- Zypressenöl (gegen Stechmücken und Hundeflöhe)

Duftende Öllampen

Öllämpchen sind bei Gartenfesten eine beliebte Alternative zu Kerzen. Sie haben nur einen großen Nachteil: Sie locken lästige Insekten an. Wenn man jedoch in das Lampenöl einige Tropfen Lavendelöl gibt, ist Schluss mit den surrenden Plagegeistern. Das Gleiche funktioniert auch bei Gartenfackeln, die man vor dem Entzünden mit etwas Lavendelöl beträufelt.

Insektenabwehrender Sonnenschutz

Wer immer gleich zur chemischen Keule greift, um lästige Insekten zu vertreiben, gefährdet letztendlich seine eigene Gesundheit und die seiner Familie.

Schlagen Sie beim Sonnenbaden zwei Fliegen mit einer Klappe, und mischen Sie 2 Tropfen Lavendelöl und 1 Tropfen Nelkenöl in Ihre Sonnenmilch. Damit eingerieben, sind Sie nicht nur gegen Sonnenbrand, sondern auch gegen blutsaugende Insekten geschützt.

Mückenspray

Füllen Sie eine Sprühflasche oder einen Zerstäuber mit 1/2 Liter Wasser, und geben Sie etwa 20 Tropfen Lavendel- und 6 Tropfen Zitronellgrasöl dazu. Diese für Menschen äußerst angenehm duftende Flüssigkeit versprühen Sie im Zimmer – und Stechinsekten suchen fluchtartig das Weite.

Raumduft gegen Silberfischchen

Stellen Sie im Badezimmer oder in der Küche, wo sich Silberfischchen gerne tummeln, eine Aromalampe mit einer Mischung aus 5 Tropfen Lavendelöl, 4 Tropfen Lemongrasöl, 4 Tropfen Zedernholzöl und 5 Tropfen Zypressenöl auf.

Die (an sich völlig harmlosen, aber dennoch meist ungeliebten) Tierchen werden die Freude an dieser Behausung bald verlieren und freiwillig abwandern.

Ameisenabwehr

Ameisenstraßen auf Terrasse oder Balkon sind äußerst lästig. Glücklicherweise lassen sich die Tiere mit einem einfachen Mittel – ohne Einsatz von Gift – vertreiben: Füllen Sie eine Sprühflasche mit 1/2 Liter Wasser, dazu geben Sie 20 Tropfen ätherisches Öl der Pfefferminze sowie 12 Tropfen Lavendelöl. Besprühen Sie die Ameisenstraße mehrmals mit dieser Mischung.

Bei der Ameisenabwehr ist Geduld und Ausdauer nötig. Besprühen Sie Ameisenstraßen mindestens dreimal täglich und eine Woche lang mit dem Lavendelwasser.

Gegen Flöhe und Zecken bei Haustieren

Flohhalsbänder und Flohpulver für Hunde und Katzen enthalten giftige Insektenvernichtungsmittel. Wenn Sie Ihr Haustier auf sanfte Art vor Flöhen und Zecken schützen wollen, können Sie dies mit einem Hautöl tun, das Sie hin und wieder entweder direkt ins Fell einreiben oder auf die Fellbürste geben. Die Mischung besteht aus 7 Tropfen Lavendelöl, 3 Tropfen Teebaumöl, gut verschüttelt mit 30 Milliliter Sesamöl.

Dieses Hautöl können Sie auch in verwundete oder entzündete Stellen am Fell einreiben, an denen das Tier sich häufig kratzt.

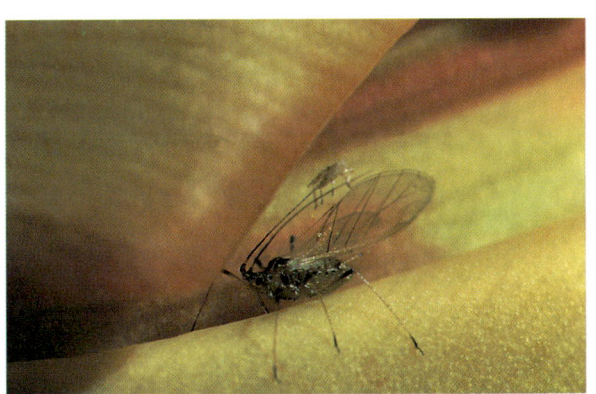

Nicht nur Stechmücken und Ameisen, auch Blattläuse und andere Pflanzenschädlinge lassen sich vom Lavendelduft vertreiben.

Pflanzenschutz auf natürliche Art

Garten- oder Zimmerpflanzen, die von Mehltau oder Blattläusen befallen sind, können Sie auch ohne Giftspritze von den Schädlingen befreien.

Geben Sie in eine mit 1/2 Liter Wasser gefüllte Sprühflasche 20 Tropfen Lavendelöl, 10 Tropfen Teebaumöl und 5 Tropfen ätherisches Öl vom Roten Thymian. Gut schütteln und die befallenen Pflanzen anfangs bis zu 3-mal täglich, nach 1 Woche nur noch 1-mal täglich damit besprühen.

Von Natur aus hat das ätherische Öl des Lavendels die Aufgabe, die Lavendelpflanze gegen einen Befall mit Pilzen und Parasiten zu schützen. Diese Schutzwirkung erfüllt die Essenz auch bei anderen Pflanzen.

Kochen mit Lavendel

Haben Sie schon einmal mit Lavendel gewürzt? Sein unspektakuläres und klares Aroma ist eine wunderbare Basis für phantasievolle Küchenspielereien.

In der französischen »cuisine aromatique« und der italienischen »cucina aromatica« sind Lavendelblüten, Lavendelöl und Lavendelwasser schon seit langem ein selbstverständlicher Bestandteil vieler Gerichte. In Englands Küche spielte der Lavendel in elisabethanischer Zeit eine große Rolle. Königin Elisabeth I. hatte angeblich selbst eine ausgesprochene Schwäche für Lavendelmarmelade.

Anders in Deutschland. Hierzulande kam erst in jüngster Zeit, mit dem Bekanntwerden der Aromatherapie, ein gewisses Interesse an aromatischen Ölen in der Küche auf. Inzwischen experimentiert auch bei uns eine kleine, aber feine Schar von Köchinnen und Köchen mit dem »blauen Aroma«. Probieren Sie es selbst aus, und lernen Sie die Bedeutung des Lavendels für eine kulinarische Gesundheitsküche kennen.

Nicht nur die Blüten schmecken

Zum Kochen eignen sich nicht nur die Blüten, sondern auch die feinen Blätter und frischen Triebe der Lavendelpflanze. Kenner werfen z. B. beim Grillen einige Blättchen auf die glühende Kohle, über der Fleisch oder Fisch gegrillt werden soll, und sofort wird der Rauch von einem feinen Lavendelaroma durchzogen, das sich zart auf dem Grillgut niederschlägt. Bei Lammgerichten oder Fisch kann Lavendel zusammen mit oder sogar anstelle von Rosmarin verwendet werden, desgleichen in Salaten. Auch in Form von selbst hergestelltem Lavendelwürzöl oder Lavendelessig können Sie dieses feine Aroma in Salate und andere Gerichte zaubern.

Mit dem kräftigen, würzigen Geschmack dieses Krauts lassen sich aber nicht nur herzhafte Speisen anreichern, er gibt auch süßen Sachen einen ganz besonderen Pfiff. Überraschen Sie Ihre Gäste doch einmal mit einer ausgefallenen Lavendelsüßspeise. Mit Lavendelzucker, Lavendelsirup und »Sauce aux fruits« lassen sich eine Vielzahl von außergewöhnlichen Desserts herstellen.

Gehen Sie bei Ihren ersten Kochversuchen mit Lavendel eher sparsam damit um. Während der Geruch der blauen Blüten stets angenehm aromatisch ist, bringt ihr Geschmack bei zu hoher Dosierung eine bittere, seifige Note in die Gerichte.

Für die Küche bitte nur Biolavendel!

Da für die Aromaküche nur Pflanzen infrage kommen, die nicht mit Pestiziden behandelt wurden, sollten Sie nur wild wachsenden oder biologisch angebauten (nicht gespritzten) Lavendel benutzen.

Für den Gebrauch von ätherischem Lavendelöl in der Küche gilt: nur »Lavendel extra« aus Wildsammlung verwenden. Auch die anderen verwendeten Aromaöle sollten auf jeden Fall 100-prozentig naturrein sein, die Pflanzen sollten möglichst aus kontrolliert biologischem Anbau stammen.

Erdbeercroissants mit Lavendelhonig

Zutaten für 4 Personen

4 Croissants • 400 g frische Erdbeeren • 60 g Butter
1–2 EL Lavendelhonig • 1 Hand voll Lavendelblüten
einige fein gehackte Lavendelblätter • 4 EL Crème fraîche

1 Die Croissants im Ofen kurz aufbacken.
2 Zwischenzeitlich die Erdbeeren putzen und halbieren. Die Butter in einem Topf zerlassen und die Erdbeeren zugeben. Bei starker Hitze unter Rühren aufkochen lassen, bis die Früchte Saft ziehen. Den Honig unterziehen. Alles unter Rühren 3 bis 4 Minuten weitergaren lassen, bis der Saft sirupartig eingekocht ist. Die Lavendelblüten und -blätter hineinstreuen und den Topf von der Kochstelle nehmen.
3 Die noch warmen Croissants aufschneiden und mit der Erdbeermasse füllen. Das Ganze mit jeweils 1 Esslöffel Crème fraîche krönen.

Lavendelsahne verleiht Obstkuchen, Obstsalaten und Obstkaltschalen eine ganz besondere Note. Man schlägt dazu 200 Gramm Sahne steif und rührt zuletzt 4 Tropfen Lavendelöl sowie 1 Tropfen Zimtöl darunter.

Sauce aux fruits

Zutaten

100 ml Ahornsirup • 6 Tropfen Vanilleöl • 3 Tropfen Kakaoöl
jeweils 1 Tropfen grünes Pfefferöl, Nelkenknospenöl, Bitterorangenöl und Lavendelöl

Den Ahornsirup gründlich mit den verschiedenen ätherischen Ölen verrühren.

Als Sauce für einen Obstsalat reicht schon ein einziger Esslöffel dieser Mischung.

Lavendelzucker

Zutaten für 1 Vorratsglas
250 g feinkörniger Zucker • 60 g frische oder 30 g getrock-
nete Lavendelblüten

1 Den Zucker und die Lavendelblüten vorsichtig in ein Schraubdeckelglas schichten und gut verschließen. 1 bis 2 Wochen an einem warmen Ort ziehen lassen. Währenddessen von Zeit zu Zeit schütteln, damit sich das Lavendelaroma gleichmäßig verteilt.

2 Wenn der Zucker den Duft der ätherischen Öle angenommen hat, die Blüten heraussieben. Den aromatisierten Zucker luftdicht verschlossen aufbewahren.

Lavendelsirup

Zutaten für etwa 1/4 l Sirup
120 g feinkörniger Zucker • 150 ml Wasser • 2–3 Stängel
Lavendel mit Blüten

1 Den Zucker in einem Topf auf dem Herd bei schwacher Hitze im Wasser auflösen. Den entstandenen Sirup schließlich zum Sieden bringen und 3 Minuten kochen lassen. Von der Kochstelle nehmen und noch heiß in ein Glas oder eine Flasche umfüllen.

2 Die Lavendelstängel in den Sirup geben, das Gefäß verschließen und den Sirup abkühlen lassen.

3 Am nächsten Tag, wenn der Sirup intensiv nach Lavendel duftet, die Stängel wieder herausnehmen. Im Kühlschrank ist der Sirup etwa 2 Wochen lang haltbar.

Lavendelsirup lässt sich zum Süßen und Aromatisieren von Desserts verwenden. Man kann ihn, heiß oder kalt, auch als Sauce zu Puddings, Eiscremes oder Biskuitkuchen servieren.

Überzuckerte Lavendelblüten

Dieses alte Rezept stammt aus elisabethanischer Zeit. Mit den Lavendelblüten können Sie Sorbets, Eiscremes, Kuchen, Törtchen und Cremespeisen garnieren.

Zutaten

3 Eiweiße • 3–4 Hand voll frische Lavendelblüten
200 g feinkörniger Zucker

1 Eiweiß leicht schlagen und die Blüten vorsichtig damit bestreichen. Dann die Blüten gleichmäßig mit dem Zucker bestreuen, überschüssigen Zucker behutsam abschütteln.

2 Die überzuckerten Blüten auf ein mit Backpapier belegtes Gitter oder Backblech legen und an einem warmen Ort 1 bis 3 Stunden trocknen lassen. Zur Aufbewahrung in ein luftdicht verschließbares Plastikgefäß füllen – sofern man die Köstlichkeit nicht gleich frisch verzehrt.

Lavendelwürzöl

Zutaten für 1/2 Liter aromatisiertes Öl

500 ml Pflanzenöl aus Oliven, Sonnenblumen, Disteln oder Traubenkernen • 5 Stängel Lavendel

1 Etwa 1 Tasse von dem Pflanzenöl abgießen, die Lavendelstängel in die Flasche mit dem restlichen Öl geben. Das zuvor abgegossene Öl wieder zurückfüllen.

2 Das Öl 1 bis 2 Wochen lang an einem mäßig warmen, vor Licht geschützten Ort ziehen lassen, dann absieben und in eine saubere Flasche umfüllen. Bis zur Verwendung kühl aufbewahren.

Als Salatöl verwendet, verleiht das Lavendelwürzöl vor allem Blattsalaten eine köstliche Geschmacksnote.

Lavendelkaltcreme

Zutaten für 4 Portionen
1 EL Lavendelblüten • 2 EL Muskatellerwein • 200 g Mascarpone • 300 g Sauerrahm • 6 Tropfen Lavendelöl
2 Tropfen Vanilleöl • 100 ml Lavendelsirup (Rezept siehe Seite 119) • 2 Eiweiße

Die köstliche Lavendelkaltcreme ist eine gute Möglichkeit, ein mehrgängiges Menü mit einer originellen Nachspeise abzurunden.

1 Die Lavendelblüten etwa 1/2 Stunde in dem Wein ziehen lassen, dann abseihen.

2 Mascarpone und Sauerrahm cremig schlagen. Den Wein mit dem Lavendel- und Vanilleöl anreichern und unter die Mascarponecreme ziehen. In diese Masse den Lavendelsirup einrühren.

3 Eiweiß steif schlagen und vorsichtig untermischen. Das Ganze für 1 Stunde ins Gefrierfach stellen. Danach nochmals umrühren, in Portionsschälchen verteilen und servieren.
Als Garnierung machen sich gezuckerte Lavendelblüten (Rezept siehe Seite 120) besonders gut.

Lavendelwürzöl, Lavendelzucker oder Lavendelsirup verleiht Ihren Speisen ein kräftiges, würziges »blaues« Aroma.

Würzöl »Provence«

Zutaten für 1 kleines Fläschchen Würzöl

100 ml Olivenöl • 6 Tropfen Muskatellersalbeiöl • je 2 Tropfen Lavendelöl, Korianderöl, Zitronenthymianöl, Basilikumöl und Orangenöl • 1 Tropfen Nelkenknospenöl

1 Das Olivenöl mit allen ätherischen Ölen in einer großen Flasche kräftig verschütteln.

2 Vor dem Gebrauch abgedunkelt 1 bis 2 Wochen lang ziehen lassen. Anschließend eventuell in eine kleine Flasche umfüllen. Dieses kräftige Würzöl eignet sich nicht nur zur Verfeinerung provenzalischer Gerichte wie z. B. Ratatouille, sondern auch für Salate und Kräuterkartoffeln.

In eine dekorative Flasche mit dichtem Verschluss gefüllt, gibt sowohl das Würzöl »Provence« als auch Lavendelessig ein prima Gastgeschenk ab.

Lavendelessig

Zutaten für 1 Flasche Kräuteressig

1 Flasche Weißweinessig • 3 Stängel Lavendel

1 Aus der Essigflasche 1 Tasse abgießen. Die Lavendelstängel in die Flasche stecken, dann den zuvor abgenommenen Essig wieder zurückgießen und die Flasche verschließen.

2 Den Essig an einem warmen Ort 1 bis 2 Wochen lang ziehen lassen. Dann ist er gebrauchsfertig. Damit sein feines Aroma erhalten bleibt, sollte er, bis er aufgebraucht ist, an einem kühlen und dunklen Ort aufbewahrt werden.

VARIATION

Man kann den Lavendel auch mit anderen Kräutern ergänzen, z. B. mit je 1 Stängel Thymian und Rosmarin.

Lavendelminestrone

Zutaten für 4–6 Portionen

1 kg Mischgemüse (bestehend aus Karotten, Zucchini,
Kartoffeln, Bohnen, Lauch, Erbsen o. Ä.) • 1 große Zwiebel
5 Tomaten • 4 EL Olivenöl • 2 Tropfen Basilikumöl
2 Tropfen Lavendelöl • 1 Liter Wasser • 2 Knoblauchzehen
1 Prise Salz • 1 Prise frisch gemahlener schwarzer Pfeffer
1 Bund Basilikum • 2 EL geriebener Parmesankäse

1 Das Gemüse waschen, putzen und in gleich große Stücke schneiden. Die Zwiebel abziehen und würfeln. Die Tomaten mit kochendem Wasser übergießen, kalt abschrecken, häuten und in Würfel schneiden.
2 In der Zwischenzeit das Olivenöl zusammen mit den ätherischen Ölen in einem Suppentopf erhitzen und alles länger zu garende Gemüse wie Karotten, Kartoffeln und Zwiebeln darin anbraten.

Mit Wasser aufgießen und das restliche Gemüse dazugeben.
3 Alles bei schwacher Hitze etwa 30 Minuten lang kochen lassen. Nach der Hälfte der Zeit den fein gehackten Knoblauch hinzugeben, und kurz vor Ende der Garzeit mit Salz und Pfeffer abschmecken.
4 Die Suppe in Teller geben und vor dem Servieren mit frischen Basilikumblättern und Parmesan garnieren.

Oft wird Minestrone mit Kräutern der Provence gewürzt – in denen Lavendel ein fester Bestandteil ist. Hier werden stattdessen ätherische Kräuteröle verwendet.

Minestronevariationen

Es gibt unendlich viele verschiedene Rezepte für die Zubereitung dieser ursprünglich aus Italien stammenden Gemüsesuppe. Manchmal sind weiße Bohnen als weitere Zutat angegeben, häufig auch Reis oder Hörnchennudeln.

Lavendelsalat

Zutaten für 4 Portionen
150 g frischer Eichblattsalat • 1 EL gehackte Lavendelblätter
3 EL Distelöl • 1 EL Lavendelessig (Rezept siehe Seite 122)
1 Prise Salz • 1 Prise schwarzer Pfeffer

1 Den Salat waschen und putzen. Die Blätter in mundgerechte Stücke zerpflücken.
2 Die gehackten Lavendelblätter mit dem Öl, Essig, Salz und Pfeffer gut verrühren.

3 Den Salat erst kurz vor dem Servieren mit dem Dressing vermischen. Der Lavendel kann auch mit anderen Kräutern ergänzt werden, z. B. mit je 1 Stängel Thymian und Rosmarin.

Gegrillter Lavendelfisch

Einige Lavendelblätter, auf die Grillkohle gestreut, verleihen dem Grillgut ein angenehm zartes Kräuteraroma.

Zutaten für 4 Portionen
3 Frühlingszwiebeln • 4 EL fein gehackte Lavendelblätter
3 EL Olivenöl • in Streifen geschnittene Schale von
1 unbehandelten Orange • 2 ausgenommene und
entschuppte Petersfische (oder andere mittelgroße
Meeresfische)

1 Die Frühlingszwiebeln fein hacken, mit den Lavendelblättern, dem Öl, und der Orangenschale zu einer Marinade vermischen und die Fische darin 3 bis 4 Stunden lang ziehen lassen.

2 Die Fische aus der Marinade nehmen, abtropfen lassen und etwa 10 Minuten von jeder Seite grillen. Dabei sollten sie immer wieder mit der Marinade bepinselt werden.

Lamm und Lavendel – eine delikate, würzige und erfrischende Kombination.

Lammkoteletts mit Lavendel

Zutaten für 4 Portionen
3 Knoblauchzehen • 20 frische oder getrocknete Laven-
delzweige mit Blüten • 8 Lammkoteletts (je etwa 100 g)
Salz, frisch gemahlener schwarzer Pfeffer
150 ml trockener Sherry • 100 g Butter

1 Den Knoblauch fein hacken. Die Lavendelblüten von den Stängeln abzupfen. Die Koteletts salzen und pfeffern.

2 Den Sherry in eine große Bratpfanne gießen, das Fleisch hineingeben und mit dem Knoblauch bestreuen. Mit geschlossenem Deckel bei mittlerer Hitze etwa 6 Minuten dünsten. Die Koteletts umdrehen, mit den Lavendelblüten bestreuen und das Ganze weitere 5 Minuten dünsten. Die Koteletts herausnehmen und warm stellen.

3 Die Fleischsauce mit Butter anreichern und zum Servieren über die Koteletts gießen. Nach Belieben kann die Sauce mit einigen Löffeln Joghurt verfeinert werden.

Zu den Lammkoteletts mit Lavendel passen am besten frische grüne Bohnen und Kartoffeln oder Basmatireis.

Impressum

© 1998 Südwest Verlag GmbH in der Verlagshaus Goethestraße GmbH & Co. KG, München

Alle Rechte vorbehalten. Nachdruck – auch auszugsweise – nur mit Genehmigung des Verlags.

Redaktion:
Dr. Helga Hofmann, Ruth Gelfert
Projektleitung:
Dr. Alex Klubertanz
Redaktionsleitung und medizinische Fachberatung:
Dr. med. Christiane Lentz
Bildredaktion:
Sabine Kestler
Produktion:
Manfred Metzger
Umschlag:
Manuela Hutschenreiter, München
Layout:
Wolfgang Lehner
DTP:
Maren Scherer

Printed in Italy
Gedruckt auf chlor- und säurearmem Papier

ISBN 3-517-08030-6

Über die Autorin

Gerti Samel studierte Germanistik und Soziologie und ist heute Journalistin. Seit zehn Jahren zeichnet sie bei der Zeitschrift »Cosmopolitan« verantwortlich für die Bereiche Gesundheit, Ernährung, Esoterik und Umwelt. Ihre Spezialgebiete dabei sind Naturheilkunde und alternative Medizin.

Literatur

Samel, Gerti: Aromastoffe. Heilende Essenzen von A bis Z. Südwest Verlag. 2. Auflage, München 1998

Bulla, Gisela: Natürliche Heilung durch Aromatherapie. Südwest Verlag. 4. Auflage, München 1997

Tisserand, Maggie / Jünemann, Monika: Zauber und Kraft aus Lavendel. Windpferd Verlagsgesellschaft. 4. Auflage, Aitrang 1995

Samel, Gerti: Lavendelöl. Gesundheit und Schönheit aus der Natur. Econ Verlag. Düsseldorf 1996

Hinweis

Das vorliegende Buch ist sorgfältig erarbeitet worden. Dennoch erfolgen alle Angaben ohne Gewähr. Weder Autorin noch Verlag können für eventuelle Nachteile oder Schäden, die aus den im Buch gemachten praktischen Hinweisen resultieren, eine Haftung übernehmen.

Bildnachweis

AKG, Berlin: 4, 9, 50; Albrecht Dirk, Meinerzhagen: 125; Bavaria, Gauting: 97 (TCL); Bilderberg, Hamburg: U1, 34 (Eberhard Grames), 25 (Milan Horacek), 27 (Hans Madej); Botanik-Bildarchiv Laux, Biberach/Riß: 12, 93, 107; IFA-Bilderteam, Taufkirchen: 115 (Nowitz); Pflanzenarchiv Lavendelfoto, Hamburg: 21 (Spohn); Südwest Verlag, München: 1, 65, 73 (Michael Nagy), 36 (Karl Newedel), 39, 48, 56, 85, 111 (Matthias Tunger), 52, 82 (Claudia Rehm), 90 (Anne Menke), 121 (Dirk Albrecht); The Image Bank, München: 28 (Antony Edwards), 102 (Gio Barto)

Sachregister
Abwehrschwäche 49, 55
Akne 56f., 95
Ameisenabwehr 115
Angst, unbestimmte 57
Anti-Mücken-Raumduft 113
Appetitlosigkeit 58
Aromatherapie 10, 38ff.
Astrologie 50f.
Ätherisches Öl 31f., 37, 91
Avocadoöl 48

Badezusätze 47
Bauchweh 49
Beruhigungstee 67
Bindegewebe, schwaches 49
Bitterstoffe 33
Blasenentzündung 58ff.
Blasentee 60
Blaue Kamille 95
Blaues Auge 86
Blutdruck, hoher 60
Blutdruck, niedriger 61
Blütenpomander 112
Bronchialasthma 20
Bulimie 61

Chakren 41

Depressionen 39, 62f.
Dermatitis 63
Desinfektion 102f.

Echter Lavendel 14, 17f.
Entspannung 47
Erkältung 47, 64f.
Erschöpfung 65f.

Erste Hilfe 86ff.
Erwartungsangst 67

Fieber 67f.
Flöhe 115
Fluidextrakt 34
Furunkel 68f.
Füße 96f.
Fußpilz 69

Geschirrspülen 105
Gesichtskompresse 93
Gesichtspeeling 92
Gesichtswasser 92f.
Gurgellösung 69

Halsschmerzen 69f.
Haarpflege 98
Hagebuttenöl 48
Hände 96f.
Hanföl 48
Hautpflege 32f., 85, 94f.
Herzbeschwerden 70f.
Homöopathische Zubereitungen 35, 54
Hydrolat 32, 91

Immortelle 95
Infektionen 49
Inhalation 83
Insektenabwehr 114
Insektenstiche und -bisse 87

Jetlag 71
Johanniskrautöl 48
Jojobaöl 48

Kochen 116ff.
Kölnisch Wasser 10, 100

Konzentrations- schwäche 30
Kopfschmerzen 72
Kreislauf 47

Lamiaceae 14
Läuse 72f.
Lavandin 14, 21f.
Lavandula angustifolia → Echter Lavendel
Lavandula e floribus 35
Lavandula intermedia → Lavandin
Lavandula latifolia → Speiklavendel
Lavandula siccata 35
Lavandula stoechas → Schopflavendel
Lavendel extra 17, 54, 117
Lavendelkissen 82, 109
Lavendelkosmetik 91ff.
Lavendelmücken- spray 114
Lavendelsäckchen 107f.
Lavendelseife 101
Lavendelshampoo 98
Lavendeltee 30f.
Lavendeltinktur 33
Lavendelwasser 32
Leberstörungen 73
Linalool 23
Linalylazetat 22f.

Macadamianussöl 48
Magenbeschwerden 57, 74f.
Magersucht → Bulimie
Magie 50f.
Mandelöl, süßes 48
Massageöl 49

Menstruations-
 beschwerden 47
Migräne 75
Minderwertigkeits-
 gefühle 76
Mottenschutz 30, 107
Mundgeruch 76f.
Muntermachtee 61
Muskelkater 47
Muskelschmerzen 49
Muskelverspannungen 77
Myrrhe 95

Nabelschmerzen 84
Nagelbettentzündung 78
Nagelpflegebad 96
Naturheilkunde 37ff.
Neroli 95
Nerventee 58, 60
Nervosität 57, 78f.
Nesselsucht 47
Neurasthenie 79

Ohrenschmerzen 79f.
Olivenöl, kalt-
 gepresstes 48
Öllampen 114
Orange 95

Palmarosa 95
Panikattacken 80
Paracelsus 7
Parfüm 99f.
Pflanzenschutz 116
Pickel 94
Pomander 111
Psychosomatische
 Erkrankungen 38f.

Raumschmuck 110
Rheumatische
 Beschwerden 47, 49

Römische Kamille 95
Rose 95
Rovesti, Paolo 38
Rückenschmerzen 47

Scheidenausfluss 80f.
Schlaflosigkeit 39, 47, 57,
 81f., 109
Schlaganfall 82f.
Schnupfen 20, 83
Schock 87
Schopflavendel 14, 20
Schwangerschaft 84f.
Selbstbewusstsein 43
Serotonin 23
Sesamöl 48
Silberfischchen 114
Solarplexus 41, 43, 63
Sonnenbrand 87f.
Sonnenschutz 114
Speiklavendel 14, 19
Sport 49
Stillen 85
Stress 49

Tannin 33
Tinctura lavandulae
 → Lavendeltinktur
Tinktur 33, 37
Trägeröle 48
Trägersubstanz 46

Unterleibsschmerzen 49

Vaginalspülung 81
Vegetative Dystonie 38,
 57
Verbrennungen 88
Von Bingen, Hildegard
 7, 30

Wachwerden 47
Wäscheduft 106
Wehen 84f.
Weihrauch 95
Weizenkeimöl 48
Wochenbett 85
Wunden 88f.

Ylang-Ylang 95

Zecken 115

Rezepteregister
Erdbeercroissants mit
 Lavendelhonig 118

Gegrillter Lavendelfisch
 124

Lammkoteletts mit
 Lavendel 125
Lavendelminestrone 123
Lavendelwürzöl 120
Lavendelessig 122
Lavendelkaltcreme 121
Lavendelsalat 124
Lavendelsirup 119
Lavendelzucker 119

Pomander pomme
 lavandin 112
Potpourri soleil 111
Potpourri violet 110

Sauce aux fruits 118

Überzuckerte Lavendel-
 blüten 120

Würzöl »Provence« 122